I0200279

**4⃝ Minutos**
DE ESTUDIO BÍBLICO

PROGRAMA DE
ESTUDIO
EN 6 SEMANAS

# DINERO Y

## POSESIONES:

### LA BÚSQUEDA DEL

### CONTENTAMIENTO

**MINISTERIOS
PRECEPTO
INTERNACIONAL**

## KAY ARTHUR
## & DAVID ARTHUR

*Dinero y Posesiones: La Búsqueda del Contentamiento*
Publicado en inglés por WaterBrook Press
12265 Oracle Boulevard, Suite 200
Colorado Springs, Colorado 80921
Una división de Random House Inc.

Todas las citas bíblicas han sido tomadas de la Nueva Biblia Latinoamericana de Hoy;
texto basado en La Biblia de las Américas®. © Copyright 1986, 1995, 1997 por la
Fundación Lockman.
Usadas con permiso (www.lockman.org).

ISBN 978-1-62119-021-9

Copyright © 2007 por Ministerios Precepto Internacional

Precepto, Ministerios Precepto Internacional, Ministerios Precepto Internacional
Especialistas en el Método de Estudio Inductivo, la Plomada, Precepto Sobre Precepto,
Dentro y Fuera, ¡Más Dulce que el Chocolate! Galletas en el Estante de Abajo, Preceptos
para la Vida, Preceptos de la Palabra de Dios y Ministerio Juvenil Transform son marcas
registradas de Ministerios Precepto Internacional.

Todos los derechos son reservados. Ninguna parte de esta publicación puede
reproducirse, traducirse, ni transmitirse por ningún medio electrónico o mecánico que
incluya fotocopias, grabaciones o cualquier tipo de recuperación y almacenamiento de
información sin permiso escrito del editor.

WATERBROOK y el diseño del venado de su logotipo son marcas registradas de Random
House Inc.

2012 – Edición Estados Unidos

Nuestra misión es

## ESTABLECER A LAS PERSONAS EN LA PALABRA DE DIOS

En Ministerios Precepto creemos que la única respuesta verdadera para impactar a nuestro tan necesitado mundo *es una vida transformada* por la poderosa Palabra de Dios. Con esto en mente, nos estamos movilizando para alcanzar al mundo hispano con el fin de que aprenda a "usar bien la Palabra de Verdad". Para ello, actualmente estamos ofreciendo **entrenamiento gratuito** en las destrezas necesarias para el Estudio Bíblico Inductivo.

¡Únetenos en esta maravillosa experiencia de conocer la metodología inductiva y de aprender a usar nuestra serie de "40 Minutos"!

Puedes comunicarte con nosotros:

Llamándonos al 1-866-255-5942
O enviarnos un email a nuestra dirección: wcasimiro@precept.org

También puedes escribirnos solicitando más información a:
Precept Ministries International
Spanish Ministry
P.O. BOX 182218
Chattanooga, TN 37422
O visitar nuestra página WEB: www.precept.org

Estamos a tu completa disposición, pues estamos convencidos que existimos para cooperar juntamente con la iglesia local con el fin de ver a nuestro pueblo viviendo como ejemplares seguidores de Jesucristo, que estudian la Biblia inductivamente, miran al mundo bíblicamente, hacen discípulos intencionalmente y sirven fielmente a la iglesia en el poder del Espíritu Santo.

# CÓMO USAR ESTE ESTUDIO

Este estudio bíblico inductivo ha sido diseñado para grupos pequeños que estén interesados en conocer la Biblia, pero que dispongan de poco tiempo para reunirse. Resulta ideal, por ejemplo, para grupos que se reúnan a la hora de almuerzo en el trabajo, para estudios bíblicos de hombres, para grupos de estudio de damas o para clases pequeñas de Escuela Dominical. También es muy útil para grupos que se reúnan durante períodos más largos como por las noches o sábados por la mañana — que sólo quieran dedicar una parte de su tiempo al estudio bíblico; reservando el resto del tiempo para la oración, comunión y otras actividades.

El presente libro está diseñado de tal forma que el propio grupo complete la tarea de cada lección *al mismo tiempo* que realizan el estudio. Discutir las observaciones obtenidas de lo que Dios dice acerca del tema, revela verdades innovadoras e impactantes para la vida.

Aunque es un grupo de estudio, necesitarás un facilitador que lidere el estudio y mantenga activa la discusión. (La función de esta persona *no* es la de conferenciante o maestro; no obstante, al usar este libro en una clase de Escuela Dominical o en una reunión similar, el maestro deberá sentirse en libertad de dirigir el estudio de forma más abierta, brindando observaciones complementarias, además de las incluidas en la lección semanal). Si eres el moderador del grupo, a continuación encontrarás algunas recomendaciones que te ayudarán a hacer más fácil tu trabajo:

• Antes de dirigir al grupo, revisa toda la lección y marca el texto. Esto te familiarizará con su contenido y te capacitará para ayudarles con mayor facilidad. La dirección del grupo te será más cómoda si tú mismo sigues las instrucciones de cómo marcar y si escoges un color específico para cada símbolo que realices.

- Al dirigir el grupo, comienza por el inicio del texto leyéndolo en voz alta según el orden que aparece en la lección; incluye además los "cuadros de aclaración" que podrían aparecer después de las instrucciones y en medio de tus observaciones o de la discusión. Trabajen juntos la lección, observando y discutiendo todo cuanto aprendan. Al leer los versículos bíblicos, pide que el grupo diga en voz alta la palabra que está marcándose en el texto.

- Las preguntas de discusión sirven para ayudarte a cubrir toda la lección. A medida que la clase participe en la discusión, te irás dando cuenta que ellos responderán las preguntas por sí mismos. Ten presente que las preguntas de discusión son para guiar al grupo en el tema, y no para suprimir la discusión.

- Recuerda lo importante que resulta para la gente el expresar sus respuestas y descubrimientos; esto fortalecerá grandemente su entendimiento personal de la lección semanal. ¡Asegúrate que todos tengan oportunidad de contribuir en la discusión semanal!

- Procura mantener la discusión activa, aunque esto pudiera significarles pasar más tiempo en algunas partes del estudio que en otras. De ser necesario, siéntete en libertad de desarrollar una lección en más de una sesión; sin embargo, recuerda evitar avanzar a un ritmo muy lento, puesto que es mejor que cada uno sienta haber contribuido a la discusión semanal -en otras palabras: "que deseen más"- a que se retiren por falta de interés.

- Si las respuestas del grupo no te parecen adecuadas, puedes recordarles cortésmente que deben mantenerse enfocados en la verdad de las Escrituras; su meta es aprender lo que la Biblia dice, y no el adaptarse a filosofías humanas. Sujétense únicamente a las Escrituras, y permitan que Dios sea quien les hable ¡Su Palabra es verdad (Juan 17:17)!

# DINERO Y POSESIONES: LA BÚSQUEDA DEL CONTENTAMIENTO

El tema del dinero parece que es uno de los temas más controversiales de nuestros días. Para muchos de nosotros, el dinero rige como un tirano sobre nuestras vidas, nuestro tiempo, nuestras decisiones y nuestra política. El estatus económico personal de un individuo puede hacer que sus emociones se eleven o caigan como el mercado de valores.

El dinero determina lo que podemos comprar, las cosas que podemos poseer, el estilo de vida que podemos conseguir y mantener. Y pensamos que hemos encontrado el contentamiento, solo si podemos acumular suficiente.

Aún el dinero es más que solo la medida del bienestar de alguien, es la supuesta seguridad del futuro de uno, o el medio para mejorarnos a nosotros mismos. La manera en que una persona maneja el dinero es un barómetro de la relación con Dios de ese individuo. El dinero y las posesiones son un asunto del corazón. Ellos muestran dónde descansa nuestro verdadero afecto. Por esto el Nuevo Testamento dedica tanta atención al dinero y las posesiones, porque como dijo Jesús: "porque donde este tu tesoro, allí estará también tu corazón" (Mateo 6:21).

A la luz de esta verdad, necesitamos saber lo que Dios tiene que decir acerca del dinero, de dónde viene, cómo debemos manejarlo y cuál debe ser nuestra responsabilidad con respecto a lo que tenemos. Esperamos que encuentres este estudio revolucionario y liberador a medida que ganas nuevas apreciaciones referentes a tu búsqueda por el contentamiento.

El salmista declaró que la tierra y todo lo que ella contiene pertenece al Señor (Salmo 24:1). El libro de Santiago nos dice que toda buena dádiva y don perfecto provienen de nuestro Padre celestial (1:17). Verdaderamente todo lo que poseemos, incluso el aire que respiramos, es dado por Dios.

A medida que leemos a través de los Salmos, vemos a Jesús recordándole a Sus seguidores frecuentemente que deben rendir cuentas al Padre. Los escritores de las Epístolas también dejan claro que dependiendo de cómo escojamos gastar nuestro tiempo y recursos, Dios puede otorgarnos recompensas o inclinarse a hacerlo cuando nos encontremos con Él cara a cara.

Con todo esto en mente, queremos prepararnos para el día cuando tengamos que rendir cuentas de lo que hemos hecho con todo lo que nos fue dado, para estar listos y sin ninguna vergüenza.

## OBSERVA

Empecemos estudiando una parábola dicha por Jesús en los últimos días de su ministerio terrenal.

Una parábola es una historia, que aunque pueda no ser factible, es valedera para la vida y enseña una lección moral o verdad. Para interpretar correctamente una parábola se necesita determinar la ocasión de la parábola. ¿Por qué fue dicha esta parábola? ¿Qué la provocó?

Lucas 19:11 nos da el trasfondo en el que Jesús dijo esta parábola en particular.

### Lucas 19:11

<sup>11</sup> Estando ellos oyendo estas cosas, Jesús continuó diciendo una parábola, porque El estaba cerca de Jerusalén y ellos pensaban que el reino de Dios iba a aparecer de un momento a otro.

*Líder: Lee en voz alta Lucas 19:11.*
* *Haz que el grupo marque cada referencia a **Jesús**, incluyendo los pronombres, con una cruz:* ┼ *Haz que el grupo diga "Jesús" en voz alta cada vez que ellos marquen alguna referencia a Él.*

### DISCUTE
* Miren nuevamente a cada referencia en que marcaron *Jesús*. ¿Dónde estaba Jesús cuando este incidente sucedió?

* ¿Por qué Él les dijo esta parábola? (Mira lo que dice luego de "porque").

### Lucas 19:12–15

<sup>12</sup> Por eso dijo: "Cierto hombre de familia noble fue a un país lejano a recibir un reino para sí y después volver.

### OBSERVA
Continuemos con la parábola. Recuerda, Jesús esta hablando en este pasaje.

*Líder: Lee Lucas 19:12-15 en voz alta. Pide al grupo que diga en voz alta y...*
* *subraye cada referencia a **hombre de familia noble**, incluyendo sus pronombres.*

* *marque cada palabra que indica una secuencia de **tiempo** tales como: entonces, cuando, hasta, después— con un reloj como este:* 🕐

## DISCUTE

* Revisa la secuencia de los eventos con respecto a las idas y venidas del hombre de familia noble. ¿Qué sucedió antes de irse y luego a su regreso?

* ¿Qué aprendiste de marcar las referencias al hombre de familia noble?

* Además del hombre de familia noble, ¿quiénes son los otros dos grupos de personas mencionadas en esta parábola? Describe su relación con el hombre de familia noble.

[13] Llamando a diez de sus siervos, les repartió diez 10 minas (salario de unos mil días) y les dijo: 'Negocien con esto hasta que yo regrese.'

[14] Pero sus ciudadanos lo odiaban, y enviaron una delegación tras él, diciendo: 'No queremos que éste reine sobre nosotros.'

[15] Y al regresar él, después de haber recibido el reino, mandó llamar a su presencia a aquellos siervos a los cuales había dado el dinero, para saber lo que habían ganado negociando.

## Lucas 19:12–25

¹² Por eso dijo: "Cierto hombre de familia noble fue a un país lejano a recibir un reino para sí y después volver.

¹³ Llamando a diez de sus siervos, les repartió diez 10 minas (salario de unos mil días) y les dijo: 'Negocien con esto hasta que yo regrese.'

¹⁴ Pero sus ciudadanos lo odiaban, y enviaron una delegación tras él, diciendo: 'No queremos que éste reine sobre nosotros.'

¹⁵ Y al regresar él, después de haber recibido el reino, mandó llamar a su presencia a aquellos siervos a los cuales había dado el

### OBSERVA

*Líder: Lee Lucas 19:12-25 y pide al grupo que haga lo siguiente:*

- *Encierren en un círculo cada referencia a **siervo** o **siervos**, incluyendo los pronombres.*
- *Encierren en un rectángulo cada referencia a **minas** y **dinero**, incluyendo sus pronombres.*

### DISCUTE

- De acuerdo al versículo 13, ¿Cuántos siervos había? Y de lo que leíste en el versículo 16, ¿Cuántas minas fueron dadas a cada siervo?

- Con respecto a los viajes del hombre de familia noble a un país lejano, ¿Cuándo distribuyó él las minas?

- ¿Qué debían hacer los siervos con las minas?

• ¿A quién pertenecían las minas?

• ¿Cuándo fueron llamados los siervos a quienes se les dio las minas, a rendir cuentas al hombre de familia noble?

• ¿Qué derecho tenía el hombre de familia noble para conocer los negocios que los siervos habían hecho mientras él estaba lejos?

• ¿Sobre qué se basó el hombre de familia noble para recompensar a los siervos? Discute el trato que él tuvo para con cada uno de los tres.

• ¿Cuál de los tres siervos recibió la mejor recompensa? ¿Por qué crees que él recibió lo que recibió? ¿Cuál era el porcentaje de rendimiento de la inversión del hombre de familia noble?

dinero, para saber lo que habían ganado negociando.

[16] Se presentó el primero, diciendo: 'Señor, su moneda se ha multiplicado diez veces.'

[17] Y él le dijo: 'Bien hecho, buen siervo, puesto que has sido fiel en lo muy poco, ten autoridad sobre diez ciudades.'

[18] Entonces vino el segundo, diciendo: 'Su moneda, señor, se ha multiplicado cinco veces.'

[19] Dijo también a éste: 'Y tú vas a estar sobre cinco ciudades.'

[20] Y vino otro, diciendo: 'Señor, aquí está su moneda, que he tenido guardada en

un pañuelo;

$^{21}$ pues a usted le tenía miedo, porque es un hombre exigente, que recoge lo que no depositó y siega lo que no sembró.'

$^{22}$ El le contestó: 'Siervo inútil, por tus propias palabras te voy a juzgar. ¿Sabías que yo soy un hombre exigente, que recojo lo que no deposité y siego lo que no sembré?

$^{23}$ Entonces, ¿por qué no pusiste mi dinero en el banco, y al volver yo, lo hubiera recibido con los intereses?'

$^{24}$ Y dijo a los que estaban presentes: 'Quítenle la moneda y dénsela al que tiene las diez monedas.'

• ¿Por qué al primero le fue dado más después de que el tercer siervo rindiera cuentas?

• ¿Te parece que las acciones del hombre de familia noble fueron justas? ¿Parecieron ser justas a los que estaban presentes? ¿De qué estaban preocupados?

• ¿Piensas que las personas responderían de la misma manera hoy en día? ¿Por qué si o por qué no?

• ¿Piensas que la mayoría de las personas esperan recibir el mismo tratamiento que otros sin importar lo que hagan? ¿Por qué?

• ¿Piensas que la mayoría de las personas hoy en día tienen algún concepto de rendir cuentas de cómo manejan su dinero o sus propiedades? ¿Por qué piensas que esto se da?

<sup>25</sup> Ellos le dijeron: 'Señor, él ya tiene diez monedas.'

## Lucas 19:26–27

### OBSERVA

Ahora observemos el final de la parábola de Jesús.

*Líder: Lee Lucas 19:26-27.*
  • *Pide al grupo que marque cada referencia a **Jesús**, incluyendo los pronombres, con una cruz.*

<sup>26</sup> Les digo, que a cualquiera que tiene, más le será dado, pero al que no tiene, aun lo que tiene se le quitará.

<sup>27</sup> Pero a estos mis enemigos, que no querían que reinara sobre ellos , tráiganlos acá y mátenlos delante de mí ."

### DISCUTE

• ¿Cómo se relacionan las palabras de Jesús, dadas en el versículo 26, con la respuesta de los que estaban presentes cuando se dio la parábola?

• Ahora, teniendo en mente el trasfondo y las circunstancias de esta parábola y de lo que acabas de leer, ¿a quién crees que el hombre de familia noble representa en la parábola? Explica tu respuesta.

- ¿A quién crees que representan los siervos?

- ¿Cómo se relaciona el versículo 26 con los siervos? De acuerdo a Jesús, ¿Cuándo son dadas las recompensas y quién obtiene más? ¿Por qué?

- ¿Notas alguna correlación entre los ciudadanos en el versículo 14 y los enemigos en el versículo 27? Explica tu respuesta.

- ¿Quiénes son estas personas y cuál es su destino? De acuerdo con esta parábola, ¿Cuándo sucederá esto?

- ¿Qué aprendes de este pasaje acerca de la responsabilidad de lo que se nos ha dado? ¿Qué se espera de nosotros de cómo hemos de usar nuestro dinero y posesiones materiales?

## OBSERVA

Comparemos a los siervos de Lucas 19 con aquellos que escogen las riquezas por encima de Dios, personas que quieren controlar sus propias vidas, en lugar de ser gobernados por el Señor Jesucristo.

*Líder: Lee Santiago 5:1-8. Pide al grupo que...*

- *encierre en un rectángulo cada referencia a los **ricos**, incluyendo los pronombres:* ▢
- *marque cada referencia de **tiempo** con un reloj:* 🕐
- *dibuje una nube como esta* ☁ *sobre cada referencia a **la venida del Señor.***

**DISCUTE**

- ¿Qué aprendiste de marcar las referencias al rico en los versículos 1-3? ¡No dejes pasar nada!

- Los versículos 4-6 mencionan por lo menos tres actos específicos cometidos por el rico. Enuméralos y discute cada uno.

**Santiago 5:1–8**

1 ¡Oigan ahora , ricos! Lloren y aúllen por las miserias que vienen sobre ustedes.

2 Sus riquezas se han podrido y sus ropas están comidas de polilla.

3 Su oro y su plata se han oxidado, su herrumbre será un testigo contra ustedes y consumirá su carne como fuego. Es en los últimos días que han acumulado tesoros.

4 Miren, el jornal de los obreros que han segado sus campos y que ha sido retenido por ustedes, clama contra ustedes. El clamor de los segadores ha llegado a los oídos del Señor de los ejércitos (de Sabaot) .

5 Han vivido lujosamente sobre la tierra, y han llevado una vida de placer desenfrenado. Han engordado (nutrido) sus corazones en el día de la matanza.

6 Han condenado y dado muerte al justo. El no les hace resistencia.

7 Por tanto, hermanos, sean pacientes hasta la venida del Señor. Miren cómo el labrador espera el fruto precioso de la tierra, siendo paciente en ello hasta que recibe la lluvia temprana y la tardía.

8 Sean también ustedes pacientes. Fortalezcan sus corazones, porque la venida del Señor está cerca.

• ¿Has visto comportamientos similares en aquellos que persiguen las riquezas? Si es así, da un ejemplo.

## OBSERVA

**Líder:** *Lee en voz alta los versículos 7-8 de Santiago 5 nuevamente. Pide al grupo que...*
  • *encierre en un círculo cada referencia a* **hermanos**, *incluyendo los pronombres y referencias verbales.*
  • *subraye cada referencia a* **ser paciente**.

## DISCUTE

• ¿Qué aprendes de subrayar las referencias a ser paciente? ¿Quién está supuesto a ser paciente? ¿Qué deben hacer y por qué?

## OBSERVA

*Líder:* *Pide al grupo que lea Apocalipsis 22:12 en voz alta.*

- *Marca cada referencia a **Jesús**, incluyendo los pronombres, con un triángulo:* △

## DISCUTE

- ¿Qué aprendes de marcar las referencias a Jesús?

- ¿En qué se basará Jesús para recompensar a cada individuo?

- Discute cualquier paralelo entre éste versículo, la parábola de Jesús sobre el hombre de familia noble y el pasaje respecto al hombre rico en Santiago 5.

- De acuerdo a lo que has estudiado esta semana, ¿qué conexión, si acaso la hubiera, crees que habrá entre nuestro dinero y la recompensa que nos dará Jesús?

- Si Jesús regresara hoy, ¿qué tan preparado estarías para verlo y para rendirle cuentas de lo que has hecho con todo lo que Él te ha dado?

### Apocalipsis 22:12

[Jesús está hablando en este pasaje.]

12 "Por tanto, Yo vengo pronto, y Mi recompensa está conmigo para recompensar a cada uno según sea su obra.

## FINALIZANDO

¡Cuán fácilmente nos preocupamos por el dinero y las cosas materiales de este mundo! Tendemos a pensar que nos las hemos ganado con el sudor de la frente o con nuestra inteligencia, olvidando que todo lo que tenemos viene de Dios. En realidad, nosotros somos simplemente mayordomos, o administradores, de lo que Él escoge darnos; y por consiguiente, ricos o pobres, daremos cuenta a Él de lo que hacemos con eso.

2 Corintios 5:10 y Romanos 14:10 nos dicen que los cristianos un día estarán frente al trono de Cristo, donde daremos cuenta del trabajo que hemos hecho. Seremos llamados a explicar lo que hemos hecho con nuestras vidas, nuestros dones y habilidades, y nuestros dineros y posesiones. Solo tenemos una vida para servir a Dios, y luego seremos recompensados por toda la eternidad, de acuerdo a como hemos manejado nuestras bendiciones aquí en la tierra. Tal vez Dios estampe la eternidad en nuestros ojos y nos recuerde que cuando venga Jesús, Su recompensa vendrá con Él. ¿Qué es una vida – setenta años más o menos – comparado con toda una eternidad?

Apocalipsis 20:11-15 nos habla del juicio de Dios contra aquellos que permanecen muertos en sus transgresiones y pecados, por haber rechazado la vida. Ellos se negaron a creer en Jesús y a recibirlo como su Señor y Dios, para que Él reine sobre ellos. Y aún en el lago de fuego habrá diferentes grados de castigo de acuerdo a los actos de cada persona. Dios siempre es justo con todas las personas.

A la luz de estas serias verdades, por qué no te detienes por un momento y hablas con el Señor – ya sea en silencio o como grupo – de lo acabas de aprender.

¿Tu acercamiento al dinero cambia cuando el tiempo empeora? ¿Cambian las expectativas de Dios sobre ti cuando el dinero es poco? Nuestro estudio esta semana te ayudará a contestar estas preguntas. El 1° y 2° libro de Crónicas fueron escritos después de que los hijos de Israel regresaron del exilio para reconstruir el templo que había sido destruido durante la ocupación de los babilonios en el 586 a.c. El trabajo de reconstrucción iba muy lento. De hecho, virtualmente se había detenido.

Los tiempos eran duros para el pueblo de Dios. La tierra había sufrido una sequía. Habían sembrado mucho pero cosechado poco. Sus ropas no los calentaban. Sus carteras parecían tener huecos. Ellos decían no tener suficiente madera para construir el templo de Dios – sin embargo tenían suficiente madera para construir sus propias casas.Uno de los propósitos de Crónicas era animar a los exiliados que habían regresado, recordándoles el tiempo cuando el primer templo fue construido. La historia relatada en Crónicas ofrece lecciones para ayudarlos a reenfocar sus vidas y enderezar sus prioridades para que pudieran recibir bendiciones del Señor.

Nosotros también necesitamos conocer cómo Dios se ha movido entre Su pueblo en el pasado, para que tengamos una perspectiva correcta de la riqueza: su fuente y su propósito. Empecemos nuestro estudio en 1° de Crónicas 29. Luego nos iremos a Hageo y escucharemos lo que Dios dice a Su pueblo en tiempos difíciles.

## 1 Crónicas 29:1–5

¹ Entonces el rey David dijo a toda la asamblea: "Mi hijo Salomón, el único que Dios ha escogido, es aún joven y sin experiencia, y la obra es grande; porque el templo no es para hombre, sino para el SEÑOR Dios.

² Con toda mi habilidad he provisto para la casa de mi Dios, el oro para las cosas de oro, la plata para las cosas de plata, el bronce para las cosas de bronce, el hierro para las cosas de hierro, la madera para las cosas de madera; también piedras de ónice, piedras de engaste, piedras de antimonio, piedras de varios colores, toda clase de piedras preciosas y piedras de alabastro

### OBSERVA

**Líder:** *Lee 1 Crónicas 29:1-5 en voz alta. A medida que lees pide al grupo que...*

- *subraye cada referencia al **Rey David**,*
- *incluyendo los pronombres **mi** y **lo** y las referencias verbales **he, tengo.***
- *dibuje una nube como esta* 🗯 *sobre cada referencia al **templo**, usualmente llamada **la casa de Dios**.*

### OBSERVACIÓN

A pesar de que David deseara construir una casa para Dios, el Señor le prohibió hacerlo porque él había "derramado sangre en abundancia y... emprendido grandes guerras" (1 Crónicas 22:8). Sin embargo, Dios prometió a David que su hijo Salomón construiría el templo. Dios le dio a David todos los detalles del diseño de la estructura, y David procedió a reunir los materiales que se necesitarían para la construcción de dicho templo.

## DISCUTE

• ¿Qué aprendiste de marcar las referencias a David y a la casa de Dios?

en abundancia.

³ Además, en mi amor por la casa de mi Dios, el tesoro que tengo de oro y de plata, lo doy a la casa de mi Dios, además de todo lo que ya he provisto para la santa casa,

⁴ es decir, 102 toneladas de oro, del oro de Ofir, y 238 toneladas de plata acrisolada para revestir las paredes de los edificios;

• ¿Qué aprendiste de estos versículos sobre las prioridades de David?

⁵ de oro para las cosas de oro, y de plata para las cosas de plata, es decir, para toda la obra hecha por los artesanos. ¿Quién, pues, está dispuesto a dar su ofrenda hoy al Señor?"

## 1 Crónicas 29:5b-9

⁵ ¿Quién, pues, está dispuesto a dar su ofrenda hoy al SEÑOR?"

⁶ Entonces los jefes de las casas paternas, y los jefes de las tribus de Israel, y los capitanes de millares y de centenares, con los supervisores sobre la obra del rey, ofrecieron voluntariamente sus donativos;

⁷ y para el servicio de la casa de Dios dieron 170 toneladas y 10,000 monedas (85 kilos) de oro, 1340 toneladas de plata, 612 toneladas de bronce y 3,400 toneladas de hierro.

⁸ Y todos los que tenían piedras preciosas las dieron al tesoro de la casa

### OBSERVA

**Líder:** *Lee 1 Crónicas 29:5b-9 y pide al grupo que...*

- *encierre en un círculo cada referencia a las diferentes **categorías de personas** como los jefes, supervisores, etc. Incluye los pronombres, como **quien**, **todos**, **habían**.*
- *dibuje un rectángulo sobre cualquier referencia a **ofrecer** o **dar**.*

### DISCUTE

- De acuerdo al versículo 5, ¿qué llamó David a la gente a hacer?

- ¿Cómo expresaron ellos su decisión de obedecer la orden de David? ¿Qué grupos de gente respondieron?

- ¿Qué beneficio tendrían de sus acciones, de acuerdo al versículo 7?

- ¿Qué actitud estaba reflejada en sus acciones?

• ¿Qué causó que la gente y el rey se regocijaran?

• ¿Cómo demuestra el ofrendar de una persona su consagración al Señor?

**OBSERVA**

*Líder: Lee 1 Crónicas 29:10-16 en voz alta. Pide al grupo que haga lo siguiente:*
• *Subraye cada referencia a **David**, incluyendo los pronombres.*
• *Encierre en un círculo cada referencia a **las personas**, incluyendo las veces en que David se incluye a sí mismo con las demás personas.*
• *Dibuje un triángulo △ sobre cada referencia al **Señor, Dios**, incluyendo los pronombres **Tuya(o), Tu, Ti** (No marques ninguna otra referencia a Dios. Estas son suficientes para ayudarte a ver lo que necesitas ver).*

del Señor a cargo de Jehiel el Gersonita.

⁹ Entonces el pueblo se alegró porque habían contribuido voluntariamente, porque de todo corazón hicieron su ofrenda al Señor; y también el rey David se alegró en gran manera.

**1 Crónicas 29:10–16**

¹⁰ Y David bendijo al Señor en presencia de toda la asamblea, y dijo: "Bendito eres, oh Señor, Dios de Israel, nuestro padre por los siglos de los siglos.

¹¹ Tuya es, oh Señor, la grandeza y el poder y la gloria y la victoria y la majestad, en verdad, todo lo que hay en los cielos y en la tierra; Tuyo es el dominio, oh

Señor, y Te exaltas como soberano sobre todo.

<sup>12</sup> De Ti proceden la riqueza y el honor; Tú reinas sobre todo y en Tu mano están el poder y la fortaleza, y en Tu mano está engrandecer y fortalecer a todos.

<sup>13</sup> Ahora pues, Dios nuestro, Te damos gracias y alabamos Tu glorioso nombre.

<sup>14</sup> Pero ¿quién soy yo y quién es mi pueblo para que podamos ofrecer tan generosamente todo esto? Porque de Ti proceden todas las cosas, y de lo recibido de Tu mano Te damos.

<sup>15</sup> Porque somos extranjeros y peregrinos delante de Ti, como lo

## DISCUTE

- ¿Qué aprendiste sobre Dios al marcar las referencias a Él? Asegúrate de no dejar escapar nada, ya que estas son verdades importantes.

- ¿De qué fuente David y los hijos de Israel obtuvieron lo que le dieron a Dios para la construcción del templo?

- Haz un resumen de lo que has aprendido de estos versículos sobre el dinero y las posesiones y sobre el pueblo de Dios.

fueron todos nuestros padres; como una sombra son nuestros días sobre la tierra, y no hay esperanza.

<sup>16</sup> Oh Señor, Dios nuestro, toda esta abundancia que hemos preparado para edificarte una casa para Tu santo nombre procede de Tu mano, y todo es Tuyo.

## OBSERVA

**1 Crónicas 29:17–20, 26–28**

Sigamos con nuestra observación de 1 Crónicas. El pasaje a continuación empieza con David orando.

*Líder: Lee en voz alta 1 Crónicas 29:17-20, 26-28. Y pide al grupo que...*
- *subraye cada referencia a **David**, incluyendo los pronombres **yo, mi** y **sus referencias verbales.***
- *dibuje un corazón como éste♡ sobre cada referencia a la palabra **corazón**.*
- *encierre en un círculo cada referencia a el **pueblo**, pronombres, sinónimos y referencias verbales.*

<sup>17</sup> Sabiendo yo, Dios mío, que Tú pruebas el corazón y Te deleitas en la rectitud, yo he ofrecido voluntariamente todas estas cosas en la integridad de mi corazón; y ahora he visto con alegría a Tu pueblo, que está aquí, hacer sus ofrendas a Ti voluntariamente.

¹⁸ Oh SEÑOR, Dios de nuestros padres Abraham, Isaac e Israel, preserva esto para siempre en las intenciones del corazón de Tu pueblo, y dirige su corazón hacia Ti.

¹⁹ Dale a mi hijo Salomón un corazón perfecto para que guarde Tus mandamientos, Tus testimonios y Tus estatutos, para que los cumpla todos y edifique el templo, para el cual he provisto."

²⁰ Entonces David dijo a toda la asamblea: "Bendigan ahora al SEÑOR su Dios." Y toda la asamblea bendijo al SEÑOR, al Dios de sus padres, y se inclinaron y se postraron ante el Señor y ante el rey.

## DISCUTE

• ¿Qué aprendes de marcar las varias referencias al corazón? ¿Qué ves con respecto al corazón y a ofrendar?

• ¿Qué aprendes de David de estos versículos?

• ¿Cómo se le describe al final de su vida?

• El versículo 17 dice que Dios prueba el corazón. ¿Piensas que Dios prueba nuestros corazones en el área del dinero y nuestras posesiones? Si es así, ¿Qué áreas estaría Él examinando en nuestras vidas hoy en día?

• ¿Debería una persona preocuparse de ofrendar generosamente para la obra de Dios? ¿Por qué?

• ¿Qué revela el nivel de ofrenda de una persona sobre su actitud hacia el dinero? ¿Qué refleja esto acerca de su relación con Dios y Su reino?

## ACLARACIÓN

El templo – provisto por el rey David y construido por su hijo el rey Salomón – fue destruido por los babilonios durante la ocupación de Jerusalén en el 586 a.c.

Tal como fue profetizado por Jeremías, la cautividad del pueblo de Dios bajo los babilonios duró setenta años. Después que Babilonia fue conquistada por los Medos y Persas, el rey de Persia hizo un decretó que permitió a los israelitas regresar a Jerusalén y reconstruir el templo.

El libro de Hageo fue escrito después de que el remanente de los Judíos exiliados regresara de Babilonia.

El trabajo de reconstrucción del templo empezó en el 536 a.C. pero se detuvo dos años más tarde en el 534 a.C. luego, Dios envió a Su profeta Hageo para hablarle a Su pueblo.

[26] David, hijo de Isaí, reinó sobre todo Israel;

[27] el tiempo que reinó sobre Israel fue de cuarenta años; reinó en Hebrón siete años y en Jerusalén reinó treinta y tres.

[28] Y murió en buena vejez, lleno de días, riquezas y gloria; y su hijo Salomón reinó en su lugar.

**Hageo 1:2–14; 2:8**

² "Así dice el SEÑOR de los ejércitos: 'Este pueblo dice: "No ha llegado el tiempo, el tiempo de que la casa del SEÑOR sea reedificada."

³ Entonces vino la palabra del SEÑOR por medio del profeta Hageo:

⁴ "¿Es acaso tiempo para que ustedes habiten en sus casas artesonadas mientras esta casa está desolada ?"

⁵ Ahora pues, así dice el SEÑOR de los ejércitos: "¡Consideren bien sus caminos!

⁶ Siembran mucho, pero recogen poco; comen, pero no hay suficiente para

### OBSERVA

*Líder: Lee en voz alta Hageo 1:2-14; 2:8. Pide al grupo que...*

- *encierre en un círculo cada referencia al **pueblo**, incluyendo los pronombres **ustedes, sus** y **toda referencia verbal**.*

*Líder: Ahora lee otra vez el pasaje. Esta vez pide al grupo que...*

- *dibuje un triángulo sobre cada referencia al **Señor** o el **Señor de los ejércitos**, incluyendo los pronombres **Yo** y **Mía(o)** (No hay necesidad de marcar otra referencia a Dios).*
- *subraye con doble línea cada referencia a la frase **consideren bien sus caminos**.*

### DISCUTE

- En el versículo 2 ¿Qué estaba diciendo el pueblo referente a la casa del Señor?

- ¿Qué te dice este pasaje sobre la prioridad del pueblo?

- ¿Cómo les respondió el Señor?

• Si comparas cuánto dinero la mayoría de las personas derraman en sus propios hogares con el dinero que ellos invierten en la obra de Dios para Su reino en nuestros días, ¿dónde dirías que están nuestras prioridades como hijos de Dios?

• Cuando el Señor le dijo al pueblo que consideraran bien sus caminos en los versículos 5-7, ¿qué quería Él que ellos reconocieran? Busca la respuesta en el versículo 6.

• ¿Qué aprendes de marcar las referencias al Señor en los versículos 9-11?

• ¿Qué provocó a Dios, a que realizara estas acciones?

que se sacien; beben, pero no hay suficiente para que se embriaguen; se visten, pero nadie se calienta; y el que recibe salario, recibe salario en bolsa rota."

[7] Así dice el Señor de los ejércitos: "¡Consideren bien sus caminos!

[8] Suban al monte, traigan madera y reedifiquen el templo, para que me agrade de él y Yo sea glorificado," dice el Señor.

[9] "Esperan mucho, pero hay poco; y lo que traen a casa, Yo lo aviento." "¿Por qué?" declara el Señor de los ejércitos. "Por causa de Mi casa que está desolada, mientras cada uno de ustedes corre a su casa.

¹⁰ Por tanto, por causa de ustedes, los cielos han retenido su rocío y la tierra ha retenido su fruto.

¹¹ Llamé a la sequía sobre la tierra, sobre los montes, sobre el trigo, sobre el vino nuevo, sobre el aceite, sobre lo que produce la tierra, sobre los hombres, sobre el ganado y sobre todo el trabajo de sus manos ."

¹² Entonces Zorobabel, hijo de Salatiel, el sumo sacerdote Josué, hijo de Josadac, y todo el remanente del pueblo, obedecieron la voz del Señor su Dios y las palabras del profeta Hageo, como el Señor su Dios le había mandado. Y temió el pueblo delante del Señor.

• ¿Qué podemos apreciar en este pasaje referente a la posible causa de los tiempos difíciles? (Nota que decimos "posible").

• ¿Te da este pasaje alguna razón para parar y considerar tus caminos cuando las dificultades vienen? ¿Por qué?

• ¿Cómo respondió el pueblo a la palabra del Señor a través de Hageo? ¿Qué te dice esto acerca de ellos?

• De acuerdo a los versículos 13-14, ¿qué hizo Dios después de ver la reacción del pueblo?

- ¿Qué nos dice Hageo 2:8? ¿Qué nos revela acerca de quién determina lo que tenemos?

<sup>13</sup> Entonces Hageo, mensajero del Señor, por mandato del SEÑOR, habló al pueblo: "Yo estoy con ustedes," declara el SEÑOR.

- ¿De quién es el dinero que estás usando cuando compras algo? ¿Cómo el saber esto debería afectar la manera en que gastas tu dinero?

<sup>14</sup> Y el SEÑOR despertó el espíritu de Zorobabel, hijo de Salatiel, gobernador de Judá, y el espíritu del sumo sacerdote Josué, hijo de Josadac, y el espíritu de todo el remanente del pueblo. Así

- ¿Cómo se compara tu manera de gastar con tu ofrendar? ¿Qué porcentaje de tus ingresos van para la obra de Dios?

que vinieron y comenzaron la obra en la casa del SEÑOR de los ejércitos, su Dios ,

- ¿Qué verdades ha hablado Dios a tu corazón?

<sup>2:8</sup> "Mía es la plata y mío es el oro" declara el SEÑOR de los ejércitos.

## FINALIZANDO

La casa del Señor, que está siendo construida hoy en día no se trata de una construcción literal, como lo fue el templo de Salomón en los tiempos de Hageo; sino que se trata de un templo viviente "edificados sobre el fundamento... en quien todo el edificio, bien ajustado, va creciendo para ser un templo santo en el Señor" con "Cristo Jesús mismo siendo la piedra angular" (Efesios 2:20-21). Y nosotros, tenemos la responsabilidad y el privilegio de ser usados por Dios para construir Su iglesia, evangelizando y discipulando personas de cada tribu, lengua y nación, conforme demos para la obra del Señor.

¡Qué tremendo sentido de regocijo y contentamiento debe inundar nuestros corazones a medida que nos damos cuenta que tenemos el privilegio de ser colaboradores junto con Dios!

Cuando se llega a este maravilloso conocimiento, uno tiende a preguntarse por qué no se está haciendo más. ¿Por qué las iglesias, agencias misioneras y organizaciones paraeclesiásticas siempre están necesitando y buscando más donaciones para su obra?

¿Podría ser que nosotros, como la gente en los días de Hageo, hemos fallado en hacer lo que se supone que debemos hacer? ¿Estaremos más preocupados por nosotros mismos, por llenar nuestras casas con las cosas más nuevas, en lugar de construir la casa de Dios? "¿Te has preguntado a ti mismo cuánto es suficiente para ti? ¿En qué punto debes parar de acumular, para empezar a ofrendar más para Dios?"

Dada nuestra economía fluctuante, ¿podría ser que no hemos prosperado como deberíamos porque no hemos hecho del reino de Dios y Su justicia nuestra principal prioridad?

En la página 220 de su libro *Corriendo Hacia el 2001: Las Fuerzas Modelan el Futuro de la Religión en América,* Russell

Chandler escribe, "Si los miembros de la iglesia aumentaran su ofrenda en un promedio del 10 por ciento de sus ingresos (el diezmo), los fondos adicionales podrían eliminar lo peor de la pobreza del mundo... más otros $17 mil millones para necesidades domésticas – todo esto mientras se mantienen las actividades de la iglesia a los niveles actuales." ¡Todo esto se pudiera lograr tan solo dando el 10% de nuestros ingresos!

De acuerdo a lo que hemos visto en la Palabra de Dios en estas dos primeras semanas de estudio, todo lo que tenemos viene de Dios. Y nosotros simplemente damos a Dios de la abundancia de todo lo que Él nos ha dado.

¿Te ha hecho pensar esto, en qué sucedería en nuestras vidas si la obra de Dios se convirtiera en nuestra prioridad? ¿Por qué no te propones averiguarlo?

Cuando una persona se convierte genuinamente al Señor, ¿Debería también cambiar su manera en que ve el dinero, posesiones personales y su búsqueda de contentamiento? ¿De qué manera una relación real con Dios impacta nuestros valores? ¿Hay algún cambio en nuestra actitud y en la manera como manejamos nuestro dinero, inversiones y posesiones – o esas áreas no le interesan realmente a Dios?

## OBSERVA

Empecemos observando el mensaje de Juan el Bautista cuando predicaba a las orillas del Río Jordán.

*Líder: Lee Lucas 3:9-14 en voz alta. Pide al grupo que...*
- *subraye cada referencia a **él** y **le**, siendo ambas referencias a **Juan**.*
- *encierre en un círculo cada referencia a **las multitudes**, **individuos** y varios **grupos de personas** a quien Juan les esta hablando.*

## DISCUTE
- ¿De qué estaba advirtiendo Juan a sus oyentes en el versículo 9?

### Lucas 3:9–14

⁹ El hacha ya está puesta a la raíz de los árboles; por tanto, todo árbol que no da buen fruto es cortado y echado al fuego."

¹⁰ Y las multitudes le preguntaban: "¿Qué, pues, haremos?"

¹¹ Juan les respondía: "El que tiene dos túnicas, comparta con el que no tiene; y el que tiene qué comer, haga lo mismo."

[12] Vinieron también unos recaudadores de impuestos para ser bautizados, y le dijeron: "Maestro, ¿qué haremos?"

[13] "No exijan (No colecten) más de lo que se les ha ordenado," les respondió Juan.

[14] También algunos soldados le preguntaban: "Y nosotros, ¿qué haremos?" "A nadie quiten dinero por la fuerza," les dijo, "ni a nadie acusen falsamente, y conténtense con su salario."

• ¿Qué aprendes de encerrar en un círculo las referencias a las personas? ¿Qué diferentes grupos estaban presentes?

• ¿Qué preguntaron cada uno de los grupos como respuesta a las advertencias de Juan?

• ¿Qué instrucción dio Juan a cada grupo para que hagan?

• ¿Qué tienen en común las respuestas de Juan en los versículos 11, 13 y 14? En cada situación, ¿qué temas toca Juan?

### OBSERVA

Lucas 19 describe el encuentro de Jesús con Zaqueo cuando Él pasaba por Jericó en Su camino a Jerusalén. Zaqueo era el jefe de los recaudadores de impuestos, un hombre rico. Lucas 19:8-10 detalla lo que sucedió después de que Jesús le dijo a Zaqueo que Él iba a su casa.

*Líder: Lee Lucas 19:8-10 en voz alta. Pide al grupo que...*

- *encierre en un círculo cada referencia a **Zaqueo**, incluyendo los pronombres mis, he, él e inferencias verbales.*
- *dibuje un triángulo sobre cada referencia a **Jesús**, incluyendo los sinónimos como el **Señor** y el **Hijo del Hombre**.*

## ACLARACIÓN

Los Judíos miraban a los recaudadores de impuestos como traidores porque ellos recolectaban dinero a favor de los Romanos quienes gobernaban su nación. Debido a su estilo de vida y su codicia, los recaudadores de impuestos frecuentemente sobrecargaban de impuestos a su propia gente y se guardaban el dinero extra. Consecuentemente, estas personas fueron grandemente despreciadas por sus hermanos Judíos.

## Lucas 19:8-10

⁸ Pero Zaqueo, puesto en pie, dijo a Jesús: "Señor, la mitad de mis bienes daré a los pobres, y si en algo he defraudado a alguien, se lo restituiré cuadruplicado."

⁹ "Hoy ha venido la salvación a esta casa," le dijo Jesús, "ya que él también es hijo de Abraham;

¹⁰ porque el Hijo del Hombre ha venido a buscar y a salvar lo que se había perdido."

## DISCUTE

- De acuerdo al versículo 8, ¿qué impacto causó la presencia y atención de Jesús para con Zaqueo? ¿Cuál fue la respuesta de Zaqueo a Jesús? ¿En qué área de su vida fue Zaqueo persuadido?

• ¿Qué paralelo ves, si acaso lo hubiera, entre lo que Juan el Bautista dijo a la gente que hiciera y cómo Zaqueo respondió a Cristo? ¿Este incidente te dice algo respecto a cómo afecta la relación de una persona con Dios, a su actitud hacia lo que posee o el valor que él pone en su dinero? Explica tu respuesta.

• De acuerdo al versículo 9, ¿qué sucedió con Zaqueo ese día?

**Marcos 10:17–23**

[17] Cuando Jesús salía para irse, vino un hombre corriendo, y arrodillándose delante de El , Le preguntó: "Maestro bueno, ¿qué haré para heredar la vida eterna?"

[18] Jesús le respondió: "¿Por qué Me llamas bueno? Nadie es

**OBSERVA**

Tres de los Evangelios relatan el incidente cuando se le acercó a Jesús un hombre que es conocido entre los estudiantes de Biblia como "el joven rico".

*Líder: Lee Marcos 10:17-23 en voz alta. Pide al grupo que...*

• *dibuje un triángulo sobre cada referencia a **Jesús**, incluyendo pronombres y sinónimos como **Maestro**. Empieza con **Él** en el versículo 17.*

• *encierre en un círculo cada referencia al **uno que vino corriendo**, incluyendo sus pronombres y referencias verbales.*

## DISCUTE

• Brevemente discute los eventos registrados en estos versículos. ¿Por qué el hombre viene a Jesús?


• ¿Qué aprendes sobre el carácter de este hombre y su estilo de vida, al marcar las referencias a él en el texto?


• De acuerdo al versículo 21, ¿qué sintió Jesús hacia él?


• De acuerdo a Jesús, ¿qué era lo que le faltaba al hombre?


• ¿Qué le dijo Jesús al hombre que hiciera y cómo respondió él?


• ¿Qué te dice esto acerca de la actitud del hombre hacia sus posesiones? ¿Qué ocupaba el primer lugar en su corazón?


• ¿Qué oportunidad perdió él y por qué?


• ¿Dónde pensó este hombre que encontraría contentamiento?

bueno, sino sólo uno, Dios.

[19] Tú sabes los mandamientos: 'No MATES, NO COMETAS ADULTERIO, NO HURTES, NO DES FALSO TESTIMONIO, NO DEFRAUDES, HONRA A TU PADRE Y A TU MADRE.'

[20] "Maestro, todo esto lo he guardado desde mi juventud," dijo el hombre.

[21] Jesús, mirándolo, lo amó y le dijo: "Una cosa te falta: ve y vende cuanto tienes y da a los pobres, y tendrás tesoro en el cielo; entonces vienes y Me sigues."

[22] Pero él, afligido por estas palabras, se fue triste, porque era dueño de muchos bienes.

[23] Jesús, mirando en derredor, dijo a Sus discípulos: "¡Qué difícil será para los que tienen riquezas entrar en el reino de Dios!"

- De acuerdo a las palabras de Jesús en el versículo 23, ¿cuál es el peligro de las riquezas? ¿Por qué?

- ¿Cómo se compara este incidente con los pasajes en la Escritura que hemos estudiado referente a Juan el Bautista y al encuentro de Jesús con Zaqueo? ¿Cuál es el factor común o evento recurrente en cada pasaje?

- ¿Qué has aprendido sobre el rol del dinero y las posesiones con respecto a la relación individual de cada persona con Dios y Su Hijo Jesucristo?

**OBSERVA**

Observemos el pasaje en Lucas que registra otra parábola de Jesús, ésta con respecto a acumular riquezas materiales. Jesús dijo esta parábola después de que una persona en la multitud le pidiera instruir a su hermano a dividir la herencia familiar con él.

### Lucas 12:16-21

[16] Entonces les contó una parábola: "La tierra de cierto hombre rico había producido mucho.

[17] Y él pensaba dentro de sí: '¿Qué haré, ya que

*Líder: Lee Lucas 12:16-21. Pide al grupo que...*

- *subraye cada referencia al **hombre rico**, incluyendo los pronombres e inferencias verbales.*
- *dibuje un triángulo sobre cada referencia a **Dios**.*

## DISCUTE

- ¿Qué aprendes de marcar las referencias al hombre rico?

- ¿Qué había decidido hacer con sus posesiones? ¿Por qué? ¿Cuál era su manera de pensar?

- ¿Cómo le respondió Dios? ¿Qué le dijo Él al hombre rico?

- ¿Qué le sucedería a las posesiones del hombre cuando él muriera? ¿Se las llevaría con él?

- ¿Sucederá lo mismo con tus posesiones cuando tú mueras?

no tengo dónde almacenar mis cosechas?'

[18] Entonces dijo: 'Esto haré: derribaré mis graneros y edificaré otros más grandes, y allí almacenaré todo mi grano y mis bienes.

[19] Y diré a mi alma: alma, tienes muchos bienes depositados para muchos años; descansa, come, bebe, diviértete.'

[20] Pero Dios le dijo: '¡Necio ! Esta misma noche te reclaman el alma; y ahora, ¿para quién será lo que has provisto?'

[21] Así es el que acumula tesoro para sí, y no es rico para con Dios.''

## Lucas 12:15

15 También les dijo: "Estén atentos y cuídense de toda forma de avaricia; porque aun cuando alguien tenga abundancia, su vida no consiste en sus bienes."

**OBSERVA**

Regresemos un versículo para asegurarnos de ver lo que quiere decir.

*Líder: Lee Lucas 12:15 en voz alta.*

**DISCUTE**

• ¿Qué advertencia da Jesús a la multitud y al hombre que se le acercó?

## Lucas 12:33–34

33 Vendan sus posesiones y den limosnas; háganse bolsas que no se deterioran, un tesoro en los cielos que no se agota, donde no se acerca ningún ladrón ni la polilla destruye.

34 Porque donde esté el tesoro de ustedes, allí también estará su corazón.

**OBSERVA**

Si la vida no se trata de ganar riquezas, entonces, ¿qué objetivo deberíamos tener? Miremos a lo que Jesús dijo a Sus discípulos después en el mismo capítulo.

*Líder: Pide al grupo que lea Lucas 12:33-34 en voz alta.*

**DISCUTE**

• ¿Cuáles son las instrucciones de Jesús en el versículo 33?

- ¿Qué son "bolsas que no se deterioran"? Mira cuidadosamente el versículo 33.

- Si los discípulos obedecían las instrucciones de Jesús, ¿dónde estaría su tesoro? ¿Cuál era Su promesa referente a ese tesoro?

- ¿Qué te dice esto acerca de la duración de su tesoro?

- ¿Cómo se compara esto con el tesoro del hombre rico en la parábola?

- ¿Cómo la "estrategia de inversión" de una persona revela lo que es su corazón?

- De acuerdo a todo lo que has aprendido, ¿Piensas que dejar tus "propiedades" – tanto grandes como pequeñas – a tus hijos, a entidades de caridad, o a lo que el gobierno decida hacer con eso, sería agradable para Dios? ¿Por qué si o por qué no?

- ¿Tus pensamientos o preocupaciones tienden a centrarse en dónde invertir tu tiempo, tus talentos, tu tesoro? ¿Qué revela esto sobre tus propias prioridades?

## Hechos 2:37-38, 41-45

<sup>37</sup> Al oír esto, conmovidos profundamente, dijeron a Pedro y a los demás apóstoles: "Hermanos, ¿qué haremos ?"

<sup>38</sup> Entonces Pedro les dijo: "Arrepiéntanse y sean bautizados cada uno de ustedes en el nombre de Jesucristo para perdón de sus pecados, y recibirán el don del Espíritu Santo.

<sup>41</sup> Entonces los que habían recibido su palabra fueron bautizados; y se añadieron aquel día como 3,000 almas (personas).

<sup>42</sup> Y se dedicaban continuamente a las enseñanzas de los apóstoles,

## OBSERVA

El siguiente pasaje empieza justo después de que Pedro proclama el Evangelio – el mensaje de la muerte, sepultura y resurrección de Jesucristo – a aquellos que venían a Jerusalén a celebrar la Fiesta de Pentecostés.

*Líder: Lee Hechos 2:37-38, 41-45. Pide al grupo que haga lo siguiente:*
- *Encierre en un círculo cada referencia a las **personas**, incluyendo toda **inferencia verbal**, los pronombres **les, los, y toda persona, todos**.*
- *Dibuje una flecha como esta alrededor de la palabra **arrepentirse**.*
- *Dibuje un corazón sobre la palabra **corazón**:*

## OBSERVACIÓN

La palabra *arrepentirse* en Griego proviene de dos palabras que significan "cambio de mente, de manera de pensar". Un verdadero cambio de mente, afectará las creencias de una persona y/o su comportamiento.

## DISCUTE

* ¿Qué aprendes de marcar las referencias a las personas?

* ¿Cómo el creer en Jesús afectó su actitud hacia sus posesiones?

* Nota el sentido del verbo en el versículo 45; en el griego "vendían sus propiedades… y los compartían" está en un participio presente activo, indica una acción continua y repetitiva. Por lo tanto, ¿indica esto, que ellos vendieron todo inmediatamente o que vendían a medida que la necesidad se presentaba?

* ¿Cómo las acciones de estos creyentes se relaciona con lo que has visto esta semana con respecto a la conexión entre la salvación de una persona y su manera de manejar el dinero y las posesiones?

a la comunión, al partimiento del pan y a la oración.

$^{43}$ Sobrevino temor a toda persona; y muchos prodigios y señales (milagros) se hacían por los apóstoles.

$^{44}$ Todos los que habían creído estaban juntos y tenían todas las cosas en común;

$^{45}$ vendían todas sus propiedades y sus bienes y los compartían con todos, según la necesidad de cada uno.

| Hechos 4:32–35 | OBSERVA |
|---|---|

**OBSERVA**

*Líder: Lee Hechos 4:32-35 en voz alta. Pide al grupo que...*

³² La congregación (La multitud) de los que creyeron era de un corazón y un alma. Ninguno decía ser suyo lo que poseía, sino que todas las cosas eran de propiedad común.

- *encierre en un círculo cada referencia a **los creyentes**, incluyendo todos los pronombres, ya sea en singular o en plural y sus inferencias verbales.*
- *dibuje un corazón sobre la palabra **corazón**.*

**DISCUTE**

- ¿Qué aprendes de marcar las referencias a los creyentes? ¿Cómo tú describirías su actitud?

³³ Con gran poder los apóstoles daban testimonio de la resurrección del Señor Jesús, y había abundante gracia sobre todos ellos.

³⁴ No había, pues, ningún necesitado entre ellos, porque todos los que poseían tierras o casas las vendían, traían el precio de lo vendido,

- ¿Por qué "no había ningún necesitado" entre los creyentes?

• ¿Qué te revela esto acerca de sus corazones? ¿En qué se enfocaban?

³⁵ y lo depositaban a los pies de los apóstoles, y se distribuía a cada uno según su necesidad.

**OBSERVA**
*Líder: Lee Hechos 5:1-6. Pide al grupo que...*
  • *subraye cada referencia a **Ananías**.*
  • *ponga un signo de dólar como este $ sobre cada referencia a **vender** o **precio**.*

Hechos 5:1–6

¹ Pero cierto hombre llamado Ananías, con Safira su mujer, vendió una propiedad,

**DISCUTE**
• Revisa lo que sucede en este pasaje. ¿Qué aprendes de marcar las referencias a Ananías?

² y se quedó con parte del precio, sabiéndolo también su mujer; y trayendo la otra parte, la puso a los pies de los apóstoles.

• ¿Murió Ananías porque él se guardó dinero o por otra razón? La respuesta correcta a esta pregunta es importante. Mira todo el texto para responder.

³ Pero Pedro dijo: "Ananías, ¿por qué ha llenado Satanás tu corazón para mentir al Espíritu Santo, y quedarte con parte del precio del terreno?

⁴ Mientras estaba sin venderse, ¿no te pertenecía? Y después de vendida, ¿no estaba bajo tu poder? ¿Por qué concebiste (pusiste) este asunto en tu corazón? No has mentido a los hombres sino a Dios."

⁵ Al oír Ananías estas palabras, cayó y expiró; y vino un gran temor sobre todos los que lo supieron.

⁶ Entonces los jóvenes se levantaron y lo cubrieron, y sacándolo, le dieron sepultura.

• En los dos pasajes anteriores de Hechos, vimos que aquellos que creyeron durante la Fiesta de Pentecostés fueron tan afectados que vendieron lo que tenían y lo dieron a aquellos en necesidad. ¿Debe ser este el estándar para todos los creyentes? ¿Cuándo nos convertimos al cristianismo, debemos literalmente vender todo lo que tenemos y darlo a la iglesia para que lo distribuya? ¿No debemos tener inversiones o posesiones propias? ¿O estos eventos reflejan una actitud, un corazón enfocado en Dios y la gente de Dios? Observa el versículo 4 y discute cómo esto contesta la pregunta.

• Después de que te arrepentiste y creíste en el Señor Jesucristo, ¿hubo algún cambio en la manera en que ves las posesiones, dinero, las necesidades de otros y la obra del Dios? Comparte tu experiencia con el grupo.

• Si hay tiempo, haz un resumen de lo que aprendiste estas últimas tres semanas referente a cuál debe ser la actitud de los creyentes hacia el dinero y las posesiones.

## FINALIZANDO

Es más que evidente en la palabra de Dios que nuestra relación con Jesucristo afecta la manera en que vemos cada aspecto de la vida, incluyendo nuestro dinero y posesiones. Es también claramente patente en la historia del "joven rico", como es descrito en Mateo y Lucas, que si no estás dispuesto a rendir todo a Jesucristo – incluyendo tus riquezas materiales – no puedes entrar en el reino de los cielos. Cuando Jesús dijo al joven rico, que nadie es bueno sino solo Dios, Él estaba refiriéndose, que como Dios, Él merecía su completa adoración y devoción – aún así el joven rico retuvo para sí sus riquezas.

El joven rico era un hombre noble quien proclamaba haber cumplido todos los mandamientos, No obstante, él había quebrantado el primer mandamiento: Él había puesto las riquezas antes que a Dios. Jesús quería que él reconociera su idolatría y se alejara de ella, pero él no lo hizo. Él no podía soportar dejar sus riquezas y seguir a Jesús. Él amaba sus riquezas más que lo que amaba a Dios y Su reino, así que este hombre joven se perdió de la vida eterna.

¿Te has imaginado alguna vez, qué hubiera sucedido si él solo hubiera escogido rendir a Dios lo que ya le pertenecía a Él? El joven rico pudo haber tenido riquezas incalculables como heredero de Dios y coheredero con Jesús. En su lugar, él prefirió poseer lo que él podía ver en esta vida temporal. A lo mejor vivió otros cuarenta años, como muy probablemente, pero todo lo que él poseía en su búsqueda por el contentamiento fue destruido cuando Tito sitió y destruyó Jerusalén en el año 70 d.c.

NO pases de largo el hecho que las Escrituras nos dicen que Jesús le amo, pero dejó que el hombre rico se marchara, pues él escogió la riqueza temporal en lugar de la vida eterna, Jesús deja esto  claramente registrado en Su eterna Palabra para que la lean todas las generaciones. Es una advertencia para todos los tiempos: Es difícil para el rico entrar en el reino. Las riquezas se pueden convertir en nuestro dios y Dios no tolerará ningún otro dios ante Él.

Está claro en lo que hemos estudiado, que cuando Dios toca tu corazón con la salvación, Él toca tu billetera también. El gozo de amar a Dios y a Su gente aumenta nuestra sensibilidad a las necesidades de las personas. Tu corazón arde con la importancia de llevar el mensaje del evangelio a todo el mundo y enseñarles todo el consejo de Dios. Esto era el centro de acción de la iglesia primitiva, y ¡ellos demostraban su devoción a través de sus dádivas!

La salvación afecta incluso la manera como vemos nuestras posesiones. ¿Significa esto que estamos obligados a inmediatamente vender todo lo que tenemos y darlo a otros? No, esto no está apoyado en el resto de las Escrituras. La historia de Ananías y Safira, la que estudiamos en parte, confirma que lo que tenemos y vendemos está bajo nuestro control. Y eso no será un problema siempre y cuando estemos bajo el control de Dios. Nuestra responsabilidad es tener un corazón sensible, que escucha, rápido a hacer lo que Dios diga. ¡Debemos hacernos bolsas que no se deterioran!

¿Cómo una persona puede hacer esto? Exploraremos eso y mucho más en las próximas tres semanas.

# CUARTA SEMANA

¿Qué es lo que más aprecias en la vida? Cuando examinas dónde gastas la mayoría de tu tiempo, energías y dinero, puedes obtener una buena idea de donde está tu corazón. Nuestro objetivo esta semana será ver lo que Jesús dijo sobre los tesoros de una persona y, haciendo eso, dejar caer la plomada para que cada uno de nosotros podamos determinar cómo individualmente estamos con respecto a Sus preceptos para la vida. Puesto que la manera como vivimos impactará nuestra recompensa eterna, seremos sabios en prepararnos ahora y tasar nuestras prioridades a la luz de Su palabra. Empecemos con el mensaje de Jesús a Sus discípulos, dicho mientras estaban en un monte divisando el mar de Galilea. Jesús había terminado de hablar con ellos sobre ofrendar, orar y ayunar. Luego Él introduce el tema de los tesoros.

## OBSERVA

*Líder: Lee Mateo 6:19-24 y pide al grupo que...*

- *encierre en un círculo cada referencia a **aquellos que escuchaban** el mensaje de Jesús, incluyendo toda inferencia verbal a ellos, así como los pronombres **tu, ti,** y la palabra **nadie** y sus inferencias verbales.*
- *dibuje un rectángulo sobre cada referencia a **tesoros** o **riqueza.***
- *dibuje un corazón sobre las palabras **corazón y amor.***

### Mateo 6:19-24

[19] "No acumulen para sí tesoros en la tierra, donde la polilla y la herrumbre destruyen, y donde ladrones penetran y roban;

[20] sino acumulen tesoros en el cielo, donde ni la polilla ni la herrumbre destruyen, y donde ladrones no penetran ni roban;

[21] porque donde esté tu tesoro, allí estará también tu corazón.

[22] "La lámpara del cuerpo es el ojo; por eso, si tu ojo está sano, todo tu cuerpo estará lleno de luz.

[23] Pero si tu ojo está malo, todo tu cuerpo estará lleno de oscuridad. Así que, si la luz que hay en ti es oscuridad, ¡cuán grande será la oscuridad!

[24] "Nadie puede servir a dos señores ; porque o aborrecerá a uno y amará al otro, o apreciará a uno y despreciará al otro. Ustedes no pueden servir a Dios y a las riquezas.

## DISCUTE

- ¿Qué aprendes de marcar las referencias a aquellos que escuchaban a Jesús?

- ¿Cuál es la conexión entre el corazón y los tesoros de uno? ¿Qué tiene que ver esto con Dios?

- ¿Cómo la actitud de una persona hacia el dinero y las posesiones revelan su relación con Dios y su entendimiento de las cosas eternas?

- ¿Cuáles son algunas maneras en que las personas acumulan tesoros – en la tierra o en el cielo – hoy en día?

## OBSERVA

En el pasaje que hemos examinado, Jesús menciona los ojos así como el corazón. Para comprender el significado de esto, miremos otro pasaje de la Escritura.

*Líder: Lee 1 Juan 2:15-16. Pide al grupo que...*

- *dibuje un corazón sobre cada referencia a **amor**.*
- *encierre en un círculo cada referencia a la palabra **mundo**.*

## DISCUTE

- ¿Qué aprendes de marcar las referencias al mundo?

- ¿Cuáles son las tres cosas que lista el apóstol Juan como parte del mundo? Enuméralas en el texto y discute sobre ellas.

- ¿Cómo podrían estas tres cosas manifestarse en la vida de una persona? Da ejemplos de cada una.

### 1 Juan 2:15–16

[15] No amen al mundo ni las cosas que están en el mundo. Si alguien ama al mundo, el amor del Padre no está en él.

[16] Porque todo lo que hay en el mundo, la pasión de la carne, la pasión de los ojos, y la arrogancia de la vida (las riquezas), no proviene del Padre, sino del mundo.

• De acuerdo a estos versículos, ¿qué evita que una persona ame a Dios?

**OBSERVA**

*Líder: Regresa a las páginas 47-48 y lee Mateo 6:19-24 una vez más en voz alta.*

**DISCUTE**

• De lo que hemos visto en 1 Juan 2, ¿por qué piensa que Jesús habló a Sus oyentes sobre el corazón y el ojo en el contexto de los tesoros y el servicio a dos señores? ¿A qué se está refiriendo Él? ¿Qué hace que nosotros deseemos tesoros terrenales?

• ¿Cómo el enfoque de una persona impacta su vida espiritual y la recompensa eterna?

## ACLARACIÓN

En el Griego original, el verbo traducido como *servir* en Mateo 6:24 está en tiempo presente, indicando una acción continua o habitual.

• ¿Qué dos señores son mencionados por Jesús?

• ¿Cuál es la conclusión que Jesús quiere que sus seguidores entiendan referente a los tesoros y los asuntos espirituales?

• ¿Qué evidencia encuentras en tu propia vida o en la de otros que confirma la proclamación de Jesús en el versículo 24?

• ¿Cómo pueden las decisiones que tomamos en la vida reflejar una sincera convicción en que Su proclamación es verdadera? Discute sobre formas prácticas en las que esto puede guiar nuestras decisiones.

## OBSERVA

Continuemos con el mensaje de Jesús en Mateo.

*Líder: Lee Mateo 6:25-34. Pide al grupo que haga lo siguiente:*

• *Encierre en un círculo cada referencia a **las personas**, incluyendo sus inferencias verbales y los pronombres **su, les, sus, ustedes.** Así como las referencias verbales a nosotros.*

• *Marque cada referencia a **Dios** con un triángulo:* △

### Mateo 6:25-34

²⁵ Por eso les digo, no se preocupen por su vida, qué comerán o qué beberán; ni por su cuerpo, qué vestirán. ¿No es la vida más que el alimento y el cuerpo más que la ropa?

²⁶ Miren las aves del cielo, que no siembran, ni siegan, ni recogen en graneros, y sin embargo, el Padre celestial las alimenta. ¿No son ustedes de mucho más valor que ellas?

²⁷ ¿Quién de ustedes, por ansioso que esté, puede añadir una hora al curso de su vida?

²⁸ Y por la ropa, ¿por qué se preocupan? Observen cómo crecen los lirios del campo; no trabajan, ni hilan.

²⁹ Pero les digo que ni Salomón en toda su gloria se vistió como uno de ellos.

³⁰ Y si Dios así viste la hierba del campo, que hoy es y mañana es echada al horno, ¿no hará

• *Subraye cada frase acerca de estar preocupado o ansioso y cada instrucción de no preocuparse.*

## DISCUTE

• ¿Qué aprendes de marcar las referencias a aquellos que escuchaban a Jesús? ¿Qué quería Él que supieran e hicieran? ¿Por qué?

• Mira cada referencia a estar preocupado o ansioso. ¿Qué aprendes?

• ¿Qué quería Jesús que sus seguidores entendieran sobre Dios el Padre de estos versículos? ¿Piensas que lo que decía Jesús es verdad? ¿Por qué?

• ¿Cómo se compara esto con lo que Jesús enseñó acerca de no hacer tesoros en la tierra?

• ¿Qué mandamiento y promesa encontramos en el versículo 33?

• ¿Qué crees que significa el "buscar primero el reino de Dios y su justicia"? ¿Cómo puede esta actitud ser reflejada en nuestra vida diaria? Da algunos ejemplos prácticos.

El mucho más por ustedes, hombres de poca fe?

[31] Por tanto, no se preocupen, diciendo: '¿Qué comeremos?' o '¿qué beberemos?' o '¿con qué nos vestiremos?'

[32] Porque los Gentiles (los paganos) buscan ansiosamente todas estas cosas; que el Padre celestial sabe que ustedes necesitan todas estas cosas.

[33] Pero busquen primero Su reino y Su justicia, y todas estas cosas les serán añadidas.

[34] Por tanto, no se preocupen por el día de mañana; porque el día de mañana se cuidará de sí mismo. Bástenle a cada día sus propios problemas.

**1 Timoteo 6:8–11; 17-19**

⁸ Y si tenemos qué comer y con qué cubrirnos, con eso estaremos contentos.

⁹ Pero los que quieren enriquecerse caen en tentación y lazo y en muchos deseos necios y dañosos que hunden a los hombres en la ruina y en la perdición.

¹⁰ Porque la raíz de todos los males es el amor al dinero, por el cual, codiciándolo algunos, se extraviaron de la fe y se torturaron con muchos dolores.

¹¹ Pero tú, oh hombre de Dios, huye de estas cosas, y sigue la justicia, la piedad, la fe, el amor, la perseverancia y la amabilidad.

**OBSERVA**

Hasta el momento hemos aprendido que Dios quiere que confiemos en que Él cuidará de nuestras necesidades. Pero ¿qué si deseas ser rico o si ya lo eres? ¿Qué dice Dios al respecto? Esto es lo que veremos a continuación.

*Líder: Lee 1 de Timoteo 6:8-11 y los versículos 17-19. Pide al grupo que haga lo siguiente:*

* *Encierre en un círculo las referencias a **nosotros** y al **hombre de Dios**.*
* *Subraye cada referencia a **aquellos que quieren ser ricos** o **que son ricos**, incluyendo los pronombres.*
* *Dibuje un corazón sobre la palabra **amor**.*
* *Dibuje un rectángulo sobre cada referencia a **dinero, riquezas** y **tesoro**.*

**DISCUTE**

* ¿Qué observaste al marcar *nosotros*? ¿Cuál es la instrucción de Dios y cómo se compara con lo que observaste en Mateo 6? ¿Con qué debemos contentarnos?

* ¿Qué aprendes sobre aquellos que quieren ser ricos?

- ¿Qué nos dice Dios en el versículo 11? ¿De qué debemos huir? ¿Qué debemos perseguir? ¿Cómo puede ser esto práctico en nuestros días?

- ¿Qué aprendiste sobre las riquezas en el versículo 17?

- ¿Cuáles son las instrucciones de Dios para los que son ricos?

- A la luz de todo lo que has aprendido desde el principio de este estudio, ¿Qué crees que quiere decir Dios cuando Él menciona el acumular para sí "el tesoro de un buen fundamento para el futuro"? Explica tu respuesta.

- Cuidadosamente lee el texto una vez más. ¿Es malo el dinero? ¿Es un pecado tener dinero? ¿Qué diferencia, si acaso la hubiera, hace Dios entre aquellos que son ricos y aquellos que persiguen las riquezas?

- De acuerdo a todo lo que has aprendido, ¿Dónde encontrarás tu o cualquier otro el verdadero contentamiento?

[17] A los ricos en este mundo, enséñales que no sean altaneros ni pongan su esperanza en la incertidumbre de las riquezas, sino en Dios, el cual nos da abundantemente todas las cosas para que las disfrutemos.

[18] Enséñales que hagan bien, que sean ricos en buenas obras, generosos y prontos a compartir.

[19] acumulando para sí el tesoro de un buen fundamento para el futuro, para que puedan echar mano de lo que en verdad es vida.

## Marcos 4:18-20

¹⁸ Otros son aquellos en los que se sembró la semilla entre los espinos; éstos son los que han oído la palabra,

¹⁹ pero las preocupaciones del mundo, y el engaño de las riquezas, y los deseos de las demás cosas entran y ahogan la palabra, y se vuelve estéril.

²⁰ Y otros son aquellos en que se sembró la semilla en tierra buena; los cuales oyen la palabra, la aceptan y dan fruto, unos a treinta, otros a sesenta y otros a ciento por uno.

## OBSERVA

Vamos a mirar una porción de otra parábola de Jesús, esta vez enfocándose en la semilla sembrada. En la parábola del sembrador, Jesús da cuatro diferentes escenarios para describir lo que sucede cuando la Palabra de Dios, la semilla, es sembrada en el corazón del hombre. Jesús describe cuatro diferentes terrenos, cada uno revela las varias respuestas de la gente a la Palabra de Dios. En cada incidente, la semilla es el común denominador; la variante es el suelo. Sólo uno de los cuatro tipos de suelo, representa a un creyente genuino. En esta parte de la parábola en particular, miraremos los suelos tres y cuatro explicados por Jesús.

*Líder: Lee Marcos 4:18-20. Pide al grupo que...*

- *marque cada referencia a la **Palabra** (hablando de la Palabra de Dios) con un símbolo como un libro:*
- *dibuje un rectángulo sobre cualquier referencia a **riquezas o cosas**.*

## DISCUTE

• De acuerdo al versículo 19, ¿Cuáles son las tres cosas que actúan como espinas que ahogaron la Palabra de Dios en la vida de una persona? Enumera aquellas tres cosas en el texto y describe cada una de ellas.

• ¿Qué sucede con la Palabra de Dios cuando es sembrada entre estas espinas?

• Discute si has observado esto en la vida de alguna persona.

• ¿Cuál es el cuarto tipo de suelo descrito en el versículo 20?

• ¿Qué causa la diferencia entre los campos descritos en el versículo 19 y el versículo 20?

• ¿Cómo se podría esto relacionar con las palabras de Jesús en Apocalipsis 22:12: "He aquí, yo vengo pronto, y mi recompensa está conmigo para recompensar a cada uno según sea su obra"? ¿Recibirán algunos mayores recompensas que otros? ¿Sobre qué fundamento?

• ¿Cuál versículo describe mejor la condición de tu corazón y las cosechas de tu vida?

### Deuteronomio 8:11–14

¹¹ Cuídate de no olvidar al Señor tu Dios dejando de guardar sus mandamientos, sus ordenanzas y sus estatutos que yo te ordeno hoy;

¹² no sea que cuando hayas comido y te hayas saciado, y hayas construido buenas casas y habitado en ellas,

¹³ y cuando tus vacas y tus ovejas se multipliquen, y tu plata y oro se multipliquen, y todo lo que tengas se multiplique,

¹⁴ entonces tu corazón se enorgullezca, y te olvides del Señor tu Dios que te sacó de la tierra de

**OBSERVA**

Al reconocer los peligros que acompañan las riquezas, Dios dio una advertencia a Su pueblo mientras se preparaban para tomar posesión de la tierra de Canaán, en cumplimiento de Su promesa a Abraham, Isaac y Jacob. Miremos esta advertencia, dada a través de Moisés, el siervo de Dios y líder de Israel.

*Líder: Lee Deuteronomio 8:11-14. Pide al grupo que...*

- *encierre en un círculo cada pronombre que se refiere a **los israelitas**.*
- *dibuje un triángulo sobre cada referencia a **Dios**, incluyendo los pronombres.*

**DISCUTE**

- ¿Cuál fue la advertencia de Dios al pueblo, a través de Moisés?

- ¿Qué podría causar que se olviden de Dios? ¿Qué dijo Él que debían ser cautelosos de hacer?

- ¿A qué peligros personales se enfrentarían?

• ¿Qué lección encuentras en estos versículos para nosotros hoy en día?

Egipto de la casa de servidumbre.

**OBSERVA**

**Líder:** *Lee Lucas 12:15. Pide al grupo que...*
  • *dibuje un rectángulo sobre las **instrucciones de Jesús** a sus seguidores.*

**DISCUTE**
• ¿Cuál era la instrucción de Jesús?

**Lucas 12:15**

15 También les dijo: "Estén atentos y cuídense de toda forma de avaricia; porque aun cuando alguien tenga abundancia, su vida no consiste en sus bienes."

• ¿Cómo crees que la mayoría de las personas definen la felicidad, el contentamiento y la satisfacción?

• ¿Cómo su definición concuerda o está en conflicto con la afirmación de Jesús en Lucas 12:15?

### Colosenses 3:5–6

⁵ Por tanto, consideren los miembros de su cuerpo terrenal como muertos a la fornicación, la impureza, las pasiones, los malos deseos y la avaricia, que es idolatría.

⁶ Pues la ira de Dios vendrá sobre los hijos de desobediencia por causa de estas cosas.

**OBSERVA**

*Líder: Lee Colosenses 3:5-6 y pide la grupo que...*

- *dibuje una lápida sobre la palabra **muerte**, como esta:*
- *dibuje un rectángulo sobre la palabra **avaricia**.*

**DISCUTE**

- ¿Qué aprendes de marcar *avaricia*?

- ¿Cómo se siente Dios acerca de los ídolos? ¿Los perdona?

- ¿Cómo debe responder un cristiano a la tentación de la avaricia?

### Eclesiastés 5:10

¹⁰ El que ama el dinero no se saciará de dinero, y el que ama la abundancia no se saciará de ganancias.

**OBSERVA**

*Líder: Lee Eclesiastés 5:10 en voz alta. Pide al grupo que...*

- *marque cada referencia a **amar** con un corazón.*
- *dibuje un rectángulo sobre cada referencia a **dinero** y **abundancia**.*

**DISCUTE**
- ¿Qué aprendes de este versículo acerca de amar el dinero y la abundancia?

- ¿La búsqueda del dinero trae contentamiento?

- De lo que has observado, ¿Es esto verdad? ¿Cómo?

**OBSERVA**

*Líder: Lee Eclesiastés 5:13-16 en voz alta. Pide al grupo que...*
- *dibuje un rectángulo sobre cada referencia a **riquezas**.*
- *subraye cada referencia a la frase **grave mal**.*

**DISCUTE**
- ¿Qué aprendes de marcar *grave mal*? Discute acerca de ellos uno por uno.

- ¿Cuál es el primer grave mal?

**Eclesiastés 5:13-16**

¹³ Hay un grave mal que he visto bajo el sol: las riquezas guardadas por su dueño para su mal;

¹⁴ cuando esas riquezas se pierden por un mal negocio, y él engendra un hijo, no queda nada para mantenerlo.

¹⁵ Como salió del vientre de su madre, desnudo, así volverá, yéndose tal como vino; nada

saca del fruto de su trabajo que pueda llevarse en la mano.

$^{16}$ Y también esto es un grave mal: que tal como vino, así se irá. Por tanto, ¿qué provecho tiene el que trabaja para el viento?

• Has escuchado la expresión "no te lo puedes llevar contigo". ¿Qué se reafirma en este pasaje?

• ¿Cuál es el segundo grave mal? Explica el versículo 16 con tus propias palabras.

• A la luz de esto y de todo lo que has aprendido esta semana, ¿Cuál es el valor eterno de las riquezas terrenales y fortunas materiales?

• ¿Qué clase de tesoros podemos acumular ahora para la eternidad?

## FINALIZANDO

Cuando el diablo tentó a Jesús y lo desafió, después de cuarenta días de ayuno, a convertir las piedras en pan para suplir Sus propias necesidades, Jesús le contestó, "está escrito, no solo de pan vivirá el hombre, sino de toda palabra que sale de la boca de Dios" (Mateo 4:4). "Toda palabra" significa ¡toda la Biblia!

Cuando el diablo le ofreció a Jesús todos los reinos de este mundo y sus riquezas, una vez más Él replicó con la espada del Espíritu, citando la Palabra de Dios.

Amado, el único camino para mantener a las riquezas de este mundo en una adecuada perspectiva es a través de conocer y obedecer la Palabra de Dios. La Palabra mantiene a la eternidad frente a tus ojos.

Así que, ¿cómo estas tú? ¿Cuáles son las prioridades en tu vida? ¿Qué lugar tiene la Palabra de Dios en tu vida? ¿Y qué le dirás al Señor cuando lo veas cara a cara y le rindas cuentas de la manera cómo viviste? ¿Está tu vida dirigida por cada palabra que Dios habló y que está registrada en Su libro, para que, a través de Su poder, puedas tener todo lo que necesitas concerniente a la vida y a la piedad (2 Pedro 1:3)?

Perseguir las riquezas, proveer para nuestros deseos de la carne, acumular riquezas en la tierra – todo esto nos impide realmente conocer y estudiar el libro de Dios, ¿verdad? No puedes servir a Dios mientras persigues las riquezas; ambos requieren tu total atención.

En Mateo 6, después de urgir a Sus seguidores a acumular riquezas en el cielo en lugar de en la tierra, Jesús declaró que no solo Dios es responsable de velar por nuestras necesidades básicas, sino que también es capaz de hacerlo. Dios suplirá cada una de nuestras necesidades si hacemos a Él nuestra prioridad, si buscamos Su reino y Su justicia antes que cualquier otra cosa.

Por favor, no malinterpretes; no hay absolutamente nada de malo en tener dinero. ¡El problema es amarlo, codiciarlo o no ser un buen y responsable administrador del dinero! Dios enriquece y Él empobrece. Él puede quitar las riquezas de una persona en un momento, si así lo desea. Él es Dios. La tierra es de Él, así como todo lo que en ella hay, y Él puede dar cualquier parte de ella a quien Él quiera, pero eso es cosa de Dios, no el nuestro. Nuestro trabajo es ser fieles y poner a Él primero en todo.

Proverbios 11:28 dice, "El que confía en sus riquezas, caerá, pero los justos prosperarán como la hoja verde." Cuando confías en el Señor y persigues su justicia, conocerás la alegría y el contentamiento que no pueden ser igualados por *nada* de lo que este mundo puede ofrecer.

## QUINTA SEMANA

La Biblia establece con claridad que todo lo que tenemos proviene de Dios – no solo nuestros días sobre la tierra, sino todo lo que poseemos. La pregunta es, ¿Qué haremos con lo que Dios nos ha dado? ¿Cómo tomaremos las decisiones correctas respecto a nuestro dinero y posesiones?

¿Estimaremos nuestras posesiones como algo que nos hemos ganado o merecido – y aún creer  que podemos usarlos como queramos? ¿Acaso nos limitamos a reconocer que Dios nos bendijo y simplemente darle una propina como agradecimiento?

¿O nos veremos a nosotros mismos como mayordomos de los beneficios de Dios y así buscar usar todo lo que tenemos para promover Su reino eterno?

Antes de ir más allá para responder estas preguntas, volvámonos a la Biblia y aprendamos cómo otros estimaron su dinero y posesiones.

### OBSERVA

Ezequiel 16 nos dice que todo lo que la nación de Israel tenía provenía de Dios. Pero en lugar de estar satisfecha con Dios como su esposo, ella hizo el papel de ramera con otras naciones y sus ídolos, maltratando lo que Dios le había dado para agradar a sus amantes.

Consecuentemente, Israel terminó cautivo en Babilonia. Sin embargo, en Su gracia y bondad, Dios hizo volver un remanente de Su pueblo a su tierra. No obstante, ¿qué hicieron ellos con las bendiciones que Dios una vez les había dado?

El libro de Malaquías nos aclara esta pregunta. Este libro fue escrito después de que el remanente regresara a Jerusalén unos cuatrocientos años antes del nacimiento de Jesucristo. Veamos lo

**Malaquías 1:1–2a, 11–14**

¹ Oráculo de la palabra del Señor a Israel por medio de Malaquías (Mi mensajero).

² "Yo los he amado," dice el Señor . Pero ustedes dicen: "¿En qué nos has amado?"

¹¹ Porque desde la salida del sol hasta su puesta, Mi nombre será grande entre las naciones, y en todo lugar se ofrecerá incienso a Mi nombre, y ofrenda pura de cereal; porque grande será Mi nombre entre las naciones," dice el Señor de los ejércitos.

¹² "Pero ustedes lo profanan, cuando dicen: 'La mesa del

que podemos aprender del pueblo de Israel acerca de las expectativas de Dios referente a cómo debemos usar los regalos que Él nos da.

*Líder:    Lee    en    voz    alta Malaquías 1:1-2a, 11-14. Pide al grupo que haga lo siguiente:*
* *Dibuje un triángulo sobre cada referencia al **Señor**, incluyendo cualquier pronombre.*
* *Encierre en un círculo cada referencia a **ustedes, sus inferencias verbales** y las referencias al **pueblo de Israel**.*
* *Dibuje un rectángulo sobre cada referencia a **ofrecer**.*

## DISCUTE
* ¿Quién está hablando en este pasaje y a quién?

* ¿Parecen contentas las personas que están recibiendo el mensaje? Explica tu respuesta.

* ¿Qué le estaban ofreciendo a Dios?

* ¿Cuál era su actitud al traer sus ofrendas a Dios?

• A la luz de lo que Dios es y el hecho de que Su ley mandó que todos los sacrificios fueran perfectos, ¿Cómo describirías su conducta?

• De acuerdo al versículo 14, ¿Cuáles son las consecuencias, si las hubiera, de prometer algo a Dios y luego cumplir esa obligación de una manera que fuera irreverente para con Dios?

• ¿Qué conexión encuentras entre estas Escrituras y cómo la mayoría de los cristianos hoy en día responden a la provisión de Dios? ¿Qué hay de sus ofrendas a Dios? ¿Encuentras que muchos creyentes están verdaderamente contentos con lo que Dios les ha dado? Explica tu respuesta.

• ¿Piensas que a Dios le agrada lo que nosotros le damos a Él? ¿Por qué si o por qué no?

Señor es inmunda, y su fruto, su alimento despreciable."

[13] "También dicen: '¡Ay, qué fastidio!' Y con indiferencia lo desprecian," dice el Señor de los ejércitos "y traen lo robado, o cojo, o enfermo; así traen la ofrenda. ¿Aceptaré eso de su mano?" dice el Señor.

[14] "¡Maldito sea el engañador que tiene un macho en su rebaño, y lo promete, pero sacrifica un animal dañado al Señor! Porque Yo soy el Gran Rey," dice el Señor de los ejércitos "y Mi nombre es temido (reverenciado) entre las naciones."

## Malaquías 3:7–12

7 "Desde los días de sus padres se han apartado de Mis estatutos y no los han guardado. Vuelvan a Mí y Yo volveré a ustedes," dice el Señor de los ejércitos. Pero dicen: '¿Cómo hemos de volver?'

8 "¿Robará el hombre a Dios? Pues ustedes Me están robando. Pero dicen: '¿En qué Te hemos robado?' En los diezmos y en las ofrendas.

9 Con maldición están malditos, porque ustedes, la nación entera, Me están robando.

10 Traigan todo el diezmo al alfolí, para que haya alimento en Mi casa; y pónganme

### OBSERVA

*Líder: Lee Malaquías 3:7-12. Pide al grupo que haga lo siguiente:*

- *Marque cada referencia a **Dios** con un triángulo.*
- *Encierre en un círculo cada referencia al **pueblo**, incluyendo los pronombres **ustedes, nosotros y sus inferencias verbales**.*
- *Dibuje un rectángulo sobre cada referencia a **diezmos y ofrendas**.*

### DISCUTE

- ¿Qué aprendes acerca del pueblo de estos versículos?   Describe su relación con Dios.

- ¿Qué aprendes al marcar las referencias a los diezmos y las ofrendas?

- ¿Qué prometió Dios hacer si el pueblo fuera fiel en sus diezmos y ofrendas?

• ¿Qué revela esto sobre la manera como Dios ve las dadivas – diezmos y ofrendas – de su pueblo?

## ACLARACIÓN

La nación de Israel vivió bajo una teocracia; en otras palabras, Dios gobernaba como su rey. Dios creó la nación de Israel, le dio a su pueblo la tierra e instituyó un sistema de leyes bajo las cuales debían ellos ser gobernados. A los levitas, una de las tribus miembro de esta nación, no se les dio herencia de tierra; en su lugar, su responsabilidad era preservar el conocimiento, instruir al pueblo y cuidar del templo con todos los servicios a Dios y a Su pueblo. Para financiar esto, Dios instituyó un sistema de diezmos en el que las personas daban una porción de su cosecha o ingreso, el cual era guardado en un lugar seguro. Considerando los tres diezmos anuales ordenados por Dios, se ha calculado que el pueblo debió haber dado aproximadamente el 23% de sus ingresos al Señor anualmente.

ahora a prueba en esto;" dice el Señor de los ejércitos "si no les abro las ventanas de los cielos, y derramo para ustedes bendición hasta que sobreabunde.

[11] Por ustedes reprenderé al devorador, para que no les destruya los frutos del suelo, ni su vid en el campo sea estéril," dice el Señor de los ejércitos.

[12] "Y todas las naciones los llamarán a ustedes bienaventurados, porque serán una tierra de delicias," dice el Señor de los ejércitos.

| Proverbios 3:9–10 |
| --- |

⁹ Honra al Señor con tus bienes y con las primicias de todos tus frutos;

¹⁰ Entonces tus graneros se llenarán con abundancia y tus lagares rebosarán de vino nuevo.

**OBSERVA**

Veamos ahora un pasaje de Proverbios, el libro de la sabiduría escrito por el rey Salomón.

*Líder: Lee Proverbios 3:9-10. Pide al grupo que...*

- *encierre en un círculo cada referencia a **tus**.*
- *dibuje un rectángulo sobre cada referencia a cualquier forma de **riqueza material**.*
- *subraye la palabra **primicias**.*

**DISCUTE**

- ¿Qué somos instruidos a hacer?

- ¿Qué aprendes de subrayar *"primicias"*?

- ¿Qué se promete como resultado de obedecer esta instrucción?

- ¿Qué paralelo ves entre este versículo y lo que leíste en Malaquías?

• ¿Qué te dice esto de las expectativas de Dios? ¿Qué revela esto acerca de cómo responde Dios a aquellos que dan de sus ingresos o riquezas para Sus propósitos?

## OBSERVA

Ahora vayamos al Nuevo Testamento para ver lo que podemos aprender sobre el ofrendar.

*Líder: Lee Marcos 12:41-44. Pide al grupo que haga lo siguiente:*
  • *Dibuje un triángulo sobre cada referencia a **Jesús**, incluyendo los pronombres.*
  • *Dibuje un rectángulo sobre cada referencia a **dinero**, incluyendo cualquier sinónimo o pronombre.*
  • *Encierre en un círculo cada referencia a **la viuda**.*

## DISCUTE

• ¿Qué estaba haciendo Jesús, de acuerdo al versículo 41?

• ¿Qué te dice esto acerca del interés de Jesús en nuestro ofrendar?

### Marcos 12:41–44

⁴¹ Jesús se sentó frente al arca del tesoro, y observaba cómo la multitud echaba dinero en el arca del tesoro; y muchos ricos echaban grandes cantidades.

⁴² Llegó una viuda pobre y echó dos pequeñas monedas de cobre, o sea, un cuadrante.

⁴³ Y llamando Jesús a Sus discípulos, les dijo: "En verdad les digo, que esta viuda pobre echó más que todos los contribuyentes al tesoro;

<sup>44</sup> porque todos ellos echaron de lo que les sobra, pero ella, de su pobreza, echó todo lo que poseía, todo lo que tenía para vivir."

• ¿Qué aprendes sobre la viuda? ¿Cómo su ofrenda se compara con las ofrendas de la gente rica?

• ¿Cómo su ofrendar revela como es su relación con el Señor?

• ¿Crees que la viuda estaba contenta? Explica tu respuesta.

• ¿Trató Jesús de detenerla o devolverle su dinero?

• ¿Por qué crees que este incidente es mencionado por Jesús a Sus discípulos y registrado en dos de los Evangelios?

• ¿Qué lecciones, si las hubiera, podemos sacar de este pasaje?

## OBSERVA

El apóstol Pablo soportó muchos sufrimientos por la propagación del evangelio, incluyendo hambre y sed, persecución y calumnias, no tener hogar y naufragios. Para ver qué podemos aprender de su ejemplo, observemos una porción de su carta a la iglesia de Filipos.

**Líder:** *Lee Filipenses 4:10-14. Pide al grupo que...*
- *subraye cada referencia a **Pablo**, incluyendo los pronombres e inferencias verbales.*
- *encierre en un círculo cada referencia a **los filipenses**, incluyendo los pronombres e inferencias verbales.*

## DISCUTE

- ¿Qué aprendes al marcar las referencias a Pablo en este pasaje? ¿Cómo describes esta actitud?

- ¿Cuál era la relación entre Pablo y los filipenses?

- ¿Qué hicieron los filipenses por Pablo? Y ¿Cuál era el estado de él cuando lo hicieron?

### Filipenses 4:10–14

¹⁰ Me alegré grandemente en el Señor de que ya al fin han reavivado su cuidado para conmigo. En verdad, antes se preocupaban, pero les faltaba la oportunidad.

¹¹ No que hable porque tenga escasez, pues he aprendido a contentarme cualquiera que sea mi situación.

¹² Sé vivir en pobreza (vivir humildemente), y sé vivir en prosperidad. En todo y por todo he aprendido el secreto tanto de estar saciado como de tener hambre, de tener abundancia como de sufrir necesidad.

<sup>13</sup> Todo lo puedo en Cristo que me fortalece.

<sup>14</sup> Sin embargo, han hecho bien en compartir conmigo en mi aflicción.

• ¿Qué aprendió Pablo, de acuerdo a los versículos 11 y 12? ¿Qué dice él acerca del contentamiento?

• A la luz de los versículos 11 y 12, ¿A qué se refiere *"Todo"* lo que Pablo puede hacer a través de Cristo? ¿Está él diciendo que puede hacer cualquier cosa que él quiera?

• ¿Qué lección podemos aprender del ejemplo de Pablo para nuestras vidas hoy en día?

**Filipenses 4:15–19**

<sup>15</sup> Ustedes mismos también saben, Filipenses, que al comienzo de la predicación del evangelio, después que partí de Macedonia, ninguna iglesia compartió conmigo en cuestión de dar y recibir, sino solamente ustedes.

**OBSERVA**

*Líder: Lee Filipenses 4:15-19. Haz que el grupo...*
- *encierre en un círculo cada referencia a **los Filipenses**, incluyendo los pronombres e inferencias verbales.*
- *subraye cada referencia a **Pablo**, sus inferencias verbales, y los pronombres **conmigo, mis, mi**.*
- *dibuje un rectángulo sobre cada referencia a **dar y dádiva**, incluyendo cualquier sinónimo.*

## DISCUTE

- ¿Qué aprendes al marcar las referencias a Pablo?

- ¿Qué aprendes acerca de los filipenses y sus dádivas?

- ¿Qué aprendes acerca de las ofrendas en este pasaje?

- De acuerdo al versículo 17, ¿Quién se beneficia de ofrendar? ¿Cómo?

- ¿Cómo piensas que el versículo 19 se relaciona con los versículos anteriores?

- De acuerdo a lo que has aprendido de este pasaje, ¿Se interesa Dios por lo que damos? Explica tu respuesta.

[16] Porque aun a Tesalónica enviaron dádivas más de una vez para mis necesidades.

[17] No es que busque la dádiva en sí, sino que busco fruto que aumente en su cuenta.

[18] Pero lo he recibido todo y tengo abundancia. Estoy bien abastecido, habiendo recibido de Epafrodito lo que han enviado: fragante aroma, sacrificio aceptable, agradable a Dios.

[19] Y mi Dios proveerá a todas sus necesidades, conforme a sus riquezas en gloria en Cristo Jesús.

## 2 Corintios 8:1–5

¹ Ahora, hermanos, les damos a conocer la gracia de Dios que ha sido dada en las iglesias de Macedonia.

² Pues en medio de una gran prueba de aflicción, abundó su gozo, y su profunda pobreza sobreabundó en la riqueza de su liberalidad.

³ Porque yo testifico que según sus posibilidades, y aun más allá de sus posibilidades, dieron de su propia voluntad,

⁴ suplicándonos con muchos ruegos el privilegio de participar en el sostenimiento (servicio) de los santos.

## OBSERVA

Ahora volvamos a la primera porción de dos de los capítulos clave sobre la ofrenda. (Estudiaremos más esto la próxima semana).

*Líder: Lee 2 Corintios 8:1-5 en voz alta. Pide al grupo que...*
- *encierre en un círculo cada referencia a **las iglesias de Macedonia**, incluyendo los pronombres.*
- *dibuje un rectángulo sobre cada palabra o frase que se refiera a **dar**.*

## DISCUTE

- ¿Qué aprendes acerca de las iglesias de Macedonia? ¿Cuáles eran sus circunstancias?

- ¿Qué aprendiste acerca de sus ofrendas?

- ¿Cómo se dieron ellos primero, de acuerdo al versículo 5?

- ¿Cómo crees que la forma en que ellos se dieron primeramente se relaciona con el sostenimiento de los santos? Discute la razón de tu respuesta. Si ellos no hubieran dado primeramente, ¿crees que ellos hubieran dado lo que dieron materialmente? ¿Cómo la respuesta a esta pregunta te ayuda a discernir la verdadera razón acerca de tu propia apreciación del dinero, posesiones y la búsqueda del contentamiento?

• ¿Por qué crees que Dios inspiró a Pablo a escribir acerca de las iglesias de Macedonia, inmortalizando su historia en la Biblia?

[5] Y esto no como lo habíamos esperado, sino que primeramente se dieron a sí mismos al Señor, y luego a nosotros por la voluntad de Dios.

• ¿Es la pobreza o necesidad excusa para no ofrendar?

• De tu experiencia, ¿Cómo el sostenimiento de la obra de Dios alrededor del mundo en nuestros días se compara con la generosidad de las iglesias de Macedonia?

• ¿Dirías tú que las iglesias de Macedonia encontraron contentamiento a pesar de su pobreza? Explica tu respuesta.

• ¿Qué está diciendo Dios a tu corazón esta semana a través de la ministración del Espíritu Santo? ¿Qué pasajes han impactado más tu manera de ver el dinero y las posesiones?

## FINALIZANDO

Cuando se trata de sostener y proveer para la familia y la obra de Dios, ¿solicitas ansiosamente ofrendar para la obra de Dios? ¿O son otros los que tienen que pedirte con técnicas persuasivas para obligarte a dar?

Estas lecciones acerca del dinero, posesiones y contentamiento no son fáciles de adoptar, ¿verdad? Nos dan justo en la cartera o en la billetera. Y nuestra respuesta a estas verdades revela la verdadera condición de nuestros corazones; empezamos a reconocer honestamente dónde está realmente nuestro tesoro.

Por qué no te tomas unos minutos, te sientas en silencio y piensas sobre lo que has aprendido, pídele a Dios que te revele tus más íntimas actitudes acerca del dinero y las ofrendas. Luego, si el Señor te guía, ten un tiempo de oración y de acción de gracias por todas las cosas con las que Él te ha bendecido tan generosamente.

# SEXTA SEMANA

¿Cuál es tu actitud acerca del dar financieramente para la obra del Señor? ¿Lo ves como una carga, una obligación? ¿Lo ves como una forma de ganar recompensas materiales del Señor? ¿O lo haces como un servicio para el sostenimiento a los santos? ¿Ves la generosidad para con otros como lo que realmente es – una expresión de la inmensurable gracia de Dios?

A medida que completamos el estudio esta semana en 2 Corintios 8 y 9, notarás que Pablo repetidamente se refiere al ministerio de ofrendar como una *obra de gracia*. Mira la frase cuidadosamente y nota el maravilloso privilegio y oportunidad que puedes tener de dar a Dios la gloria a través de tu generoso ofrendar. Entenderás en una nueva manera lo que Jesús quiso decir cuando Él dijo, "Más bienaventurado es dar que recibir" (Hechos 20:35).

## OBSERVA

A medida que continuamos el estudio de 2 Corintios, es importante saber que Pablo envió a Tito a Corinto para levantar una ofrenda para los santos. La ofrenda de estos creyentes es a lo que él se refería cuando menciona "esta obra de gracia".

*Líder: Lee 2 Corintios 8:7-12. Pide al grupo que haga lo siguiente:*
- *Encierre en un círculo cada referencia a **los corintios**, incluyendo cada pronombre que se refiera a ellos e inferencias verbales.*
- *Dibuje un rectángulo sobre cada palabra o frase que se refiera a **la ofrenda**, como **su obra de gracia**. También no te pierdas de vista cualquier referencia como **eso** y **esto**, que se refieren a la obra de dar.*
- *Marque cada referencia a la palabra **amor** con un corazón.*

**2 Corintios 8:7–12**

⁷ Pero así como ustedes abundan en todo: en fe, en palabra, en conocimiento, en toda solicitud, y en el amor que hemos inspirado en ustedes, vean que también abunden en esta obra de gracia.

⁸ No digo esto como un mandamiento, sino para probar, por la solicitud de otros, también la sinceridad del amor de ustedes.

⁹ Porque conocen la gracia de nuestro Señor Jesucristo, que siendo rico, sin embargo por amor a ustedes se hizo pobre, para que por medio de Su pobreza ustedes llegaran a ser ricos.

**DISCUTE**

• ¿Qué "obra de gracia" quería Pablo que sus lectores hicieran?

• ¿Qué aprendes al marcar las referencias a los corintios?

• De acuerdo al versículo 8, ¿Qué podría ser alcanzado por medio de esta "obra de gracia"?

• ¿Qué ejemplo de ofrenda dio Jesús, de acuerdo al versículo 9? ¿Qué está tratando de decir Pablo?

• En los versículos 11 y 12, ¿Qué urgió Pablo a hacer a los corintios y por qué?

## ACLARACIÓN

De acuerdo a varias investigaciones, las personas que asisten a la iglesia semanalmente dan solo el 3,4% de sus ingresos anuales.

El total de las ofrendas caritativas de los norteamericanos está entre el 1.6% y el 2.16% de sus ingresos.

De acuerdo al informe del Grupo de Investigación Barna, nos dice que el 32% de los evangélicos en Norteamérica dicen diezmar (dar el 10% de sus ingresos a la obra de Dios), pero que solo el 12% realmente lo hace.

• ¿Qué aprendes al marcar la palabra *amor*?

• Si la ofrenda prueba el amor de alguien a Dios y a Su pueblo y a Su obra, ¿Qué revela el cuadro anterior de aclaración acerca de los cristianos que viven en el país más rico del mundo?

• ¿Qué demuestra tu propia ofrenda acerca de tu amor a Dios?

[10] Doy mi opinión en este asunto, porque esto les conviene a ustedes, que fueron los primeros en comenzar hace un año no sólo a hacer esto, sino también a desear hacerlo.

[11] Ahora pues, acaben también de hacerlo; para que como hubo la buena voluntad para desearlo, así también la haya para llevarlo a cabo según lo que tengan.

[12] Porque si hay buena voluntad, se acepta según lo que se tiene, no según lo que no se tiene.

• En Mateo 25, Jesús dijo que cuando Él regresara Él separaría las ovejas de los cabritos. Las ovejas recibirán vida eterna, una recompensa, porque tuvieron cuidado por los necesitados. Al cuidar de otros, Jesús dijo que realmente estaban cuidando de Él. ¿Te has dado cuenta que cuando das a otros, es realmente demostrar amor por Dios? ¿Cómo el entender esto cambia la actitud de una persona con respecto a ofrendar?

• Algunas veces nos excusamos a nosotros mismos de ofrendar, diciendo que no podemos dar lo suficiente para solventar todas las necesidades. ¿Cómo el versículo 12 habla acerca de esta demanda?

• ¿Te has encontrado alguna vez, como los corintios, en una situación en que Dios pone en tu corazón el dar, pero tú no le prestas la debida atención? O ¿Qué ha sucedido cuando has obedecido a esa motivación de Dios de ofrendar? Comparte tu experiencia con el grupo y cuenta lo que has aprendido de ella.

## OBSERVA

*Líder: Lee 2 Corintios 8:13-15. Esta vez pide al grupo que haga lo siguiente:*
- *Dibuje un rectángulo sobre la palabra* **esto** *en el versículo 13.*
- *Encierre en un círculo cada referencia a* **los corintios** *como antes.*
- *Subraye con doble línea cada referencia a la palabra* **igualdad**.

## DISCUTE

- ¿Qué aprendes sobre la ofrenda de estos versículos? Fíjate en donde marcaste *"Esto"* en el versículo 13, referente al dar.

- ¿Qué aprendes de marcar igualdad? ¿Cómo se obtiene la igualdad?

- ¿Qué apreciación ofrece el versículo 15 referente a los versículos 13 y 14?

### 2 Corintios 8:13-15

¹³ Esto no es para holgura de otros y para aflicción de ustedes, sino para que haya igualdad.

¹⁴ En el momento actual la abundancia de ustedes suple la necesidad de ellos, para que también la abundancia de ellos supla la necesidad de ustedes, de modo que haya igualdad.

¹⁵ Como está escrito: "EL QUE RECOGIÓ MUCHO, NO TUVO DEMASIADO; Y EL QUE RECOGIÓ POCO, NO TUVO ESCASEZ."

## Éxodo 16:12–21

12 "He oído las murmuraciones de los Israelitas. Háblales, y diles: 'Al caer la tarde comerán carne, y por la mañana se saciarán de pan. Sabrán que Yo soy el SEÑOR su Dios.'"

13 Por la tarde subieron las codornices y cubrieron el campamento, y por la mañana había una capa de rocío alrededor del campamento.

14 Cuando la capa de rocío se evaporó, había sobre la superficie del desierto una cosa delgada, como copos, menuda, como la escarcha sobre la tierra.

## OBSERVA

En 2 Corintios 8:15 Pablo menciona una referencia de Éxodo 16 del Antiguo Testamento para aclarar este punto. Veamos su contexto.

*Líder: Lee Éxodo 16:12-21 en voz alta y pide al grupo que...*
- *dibuje un rectángulo sobre cada referencia a **pan, la capa de rocío**, (también llamada "maná") que los hijos de Israel debían recoger durante su tiempo de andar errantes en el desierto. También marca los pronombres que se refieren a esto.*
- *dibuje una línea ondeada ∿∿∿ bajo cada referencia a **recoger de él** (pan).*

## DISCUTE

- En Éxodo 16 encontramos a los hijos de Israel murmurando en contra de Dios referente a Su provisión. Ellos estaban muy descontentos. De acuerdo a los versículos que has observado, ¿cuál era su provisión? Discute solo lo que era, cómo era provista y cuándo.

- Ahora discute las instrucciones de Dios para recoger el maná.

- ¿Por qué supones que algunas personas guardaron maná para el día siguiente?

- ¿Qué implicó esto respecto a su relación con Dios?

[15] Al verla, los Israelitas se dijeron unos a otros: "¿Qué es esto?," porque no sabían lo que era. "Es el pan que el SEÑOR les da para comer," les dijo Moisés.

[16] Esto es lo que el SEÑOR ha mandado: 'Cada uno recoja de él lo que vaya a comer. Tomarán como dos litros por cabeza, conforme al número de personas que cada uno de ustedes tiene en su tienda.'

[17] Así lo hicieron los Israelitas, y unos recogieron mucho y otros poco.

[18] Cuando lo midieron por litros (con el gomer), al que había recogido mucho no le sobró, ni le faltó al que había recogido poco. Cada uno

había recogido lo que iba a comer.

¹⁹ "Que nadie deje nada para la mañana siguiente," les dijo Moisés.

²⁰ Pero no obedecieron (no escucharon) a Moisés, y algunos dejaron parte del maná para la mañana siguiente, pero crió gusanos y se pudrió. Entonces Moisés se enojó con ellos.

²¹ Lo recogían cada mañana, cada uno lo que iba a comer, pero cuando el sol calentaba, se derretía.

• Como el Espíritu guió a Pablo a citar Éxodo 16 para referirse a la ofrenda, ¿qué principios podemos aprender acerca de ofrendar y recibir de este pasaje del Antiguo Testamento?

• ¿Cómo puede aplicarse esto a invertir el dinero, dejando a un lado el dar generosamente para la obra del Señor?

• ¿Has alguna vez conocido a alguien que escogió invertir en el mercado de valores en lugar de ofrendar su dinero, solo para perder su dinero cuando el mercado cayó?

## OBSERVA

Regresemos a la carta de Pablo a la iglesia de Corinto para ver que más les dice sobre el rol de la ofrenda en la vida de un creyente.

*Líder: Lee 2 Corintios 9:1-6. Pide al grupo que haga lo siguiente:*
- *Subraye cada referencia a **Pablo**, y los pronombres **me, he, conmigo** y **toda inferencia verbal**.*
- *Encierre en un círculo cada referencia a **los corintios**. No olvides marcar los pronombres **su** y **ustedes**.*

*Líder: Lee 2 Corintios 9:1-6 una vez más. Esta vez, pide al grupo que...*
- *dibuje un rectángulo sobre cada referencia al **servicio** (de ofrendar) y **la ofrenda**.*
- *subraye con doble línea cada referencia a las palabras **preparado** y **desprevenido**.*

## DISCUTE
- ¿Qué aprendes de marcar las referencias a Pablo y a los Corintios?

---

### 2 Corintios 9:1–6

¹ Porque en cuanto a este servicio a los santos, es por demás que yo les escriba.

² Pues conozco su buena disposición, de la cual me alegro por ustedes ante los Macedonios, es decir, que Acaya ha estado preparada desde el año pasado. El celo de ustedes ha estimulado a la mayoría de ellos.

³ Pero he enviado a los hermanos para que nuestra jactancia acerca de ustedes no sea hecha vana en este caso, a fin de que, como decía, estén preparados;

⁴ no sea que algunos Macedonios vayan conmigo y los encuentren desprevenidos, y nosotros, (por no decir ustedes), seamos

avergonzados por esta confianza.

⁵ Así que creí necesario exhortar a los hermanos a que se adelantaran en ir a ustedes, y prepararan de antemano su generosa ofrenda (bendición), ya prometida, para que la misma estuviera lista como ofrenda generosa, y no como por codicia.

⁶ Pero esto digo: el que siembra escasamente, escasamente también segará; y el que siembra abundantemente (con bendiciones), abundantemente (con bendiciones) también segará.

• ¿Qué aprendes de marcar las referencias a la ofrenda, el servicio a los santos?

• ¿Has sido alguna vez animado al escuchar acerca de cómo otros han ofrendado? ¿Cómo?

• ¿Qué aprendes al marcar *preparado* y *desprevenido*? ¿Qué quería Pablo que los creyentes en Corinto estuvieran preparados a hacer?

• ¿Cuál era la preocupación de Pablo acerca de los corintios? ¿Qué peligro menciona él en el versículo 5? ¿Cómo afectaría esto su ofrenda?

• ¿Qué principio acerca de ofrendar aprendiste del versículo 6?

• ¿Qué aprendes de este pasaje que es aplicable a tu vida?

## OBSERVA

*Líder:* *Lee 2 Corintios 9:7-15. Pide al grupo que ...*

- *encierre en un círculo cada referencia a **los corintios**, incluyendo **cada uno** y **ustedes**.*
- *dibuje un rectángulo sobre cada referencia a **ofrendar**, incluyendo las palabras como **ministración** y **liberalidad**.*
- *marque cada referencia a **Dios** el Padre, y **Jesús**, el Hijo de Dios con un triángulo: △*

## DISCUTE

- De las referencias que has marcado, ¿Qué observaste acerca de Dios y acerca de los corintios con respecto a la ofrenda?

- Observa nuevamente las referencias a la ministración de la ofrenda. ¿Qué aprendes al marcar esto? ¿Cómo están los corintios preparados para dar?

- De acuerdo a 2 Corintios 9:7-15, ¿Qué trae el ofrendar con liberalidad o generosidad? Asegúrate de cubrir el texto cuidadosamente, ya que no quieres perderte nada.

### 2 Corintios 9:7-15

⁷ Que cada uno dé como propuso en su corazón, no de mala gana ni por obligación, porque Dios ama al que da con alegría.

⁸ Y Dios puede hacer que toda gracia abunde para ustedes, a fin de que teniendo siempre todo lo suficiente en todas las cosas, abunden para toda buena obra.

⁹ Como está escrito:

"EL ESPARCIO, DIO A LOS POBRES;

SU JUSTICIA PERMANECE PARA SIEMPRE."

¹⁰ Y el que suministra semilla al sembrador y pan para su alimento, suplirá y multiplicará la siembra de ustedes y aumentará la cosecha de su justicia.

[11] Ustedes serán enriquecidos en todo para toda liberalidad, la cual por medio de nosotros produce acción de gracias a Dios.

[12] Porque la ministración de este servicio no sólo suple con plenitud lo que falta a los santos, sino que también sobreabunda a través de muchas acciones de gracias a Dios.

[13] Por la prueba dada por esta ministración, glorificarán a Dios por la obediencia de ustedes a la confesión del evangelio de Cristo (el Mesías), y por la liberalidad de su contribución para ellos y para todos.

[14] Ellos, a su vez, mediante la oración a favor de ustedes, también

• ¿Qué aprendes de estos versículos sobre la importancia del corazón del dador?

• ¿Crees que la mayoría de las personas hoy en día ven el ofrendar como un ministerio, un regocijo? ¿Tendemos a reconocer la ofrenda como algo que trae gloria a Dios por la acción de gracias que produce? Explica tu respuesta.

• De acuerdo al versículo 13, ¿Cuál es la conexión entre la ofrenda y la confesión de alguien, o creencia en el evangelio de Cristo?

• La palabra *gracia* – la que indica un favor inmerecido de Dios, Su regalo generoso del Nuevo Pacto con todos sus beneficios – es mencionada en los versículos 8 y 14. ¿Qué demuestra el ofrendar acerca de la gracia?

• ¿Cómo Pablo relacionó la gracia con la ofrenda en el versículo 15? ¿Cuál es el don inefable de Dios?

## OBSERVA

A medida que finalizamos nuestro estudio acerca del ofrendar, veamos un ejemplo más acerca de una generosidad pura. El pasaje que estás a punto de leer tuvo lugar poco tiempo antes de que Jesús fuera crucificado por los pecados del mundo.

*Líder: Lee Marcos 14:3-9. Pide al grupo que...*
  • *encierre en un círculo cada referencia a la mujer, incluyendo sus pronombres e inferencias verbales.*
  • *dibuje un rectángulo sobre cada referencia al perfume.*

### ACLARACIÓN

Un denario era equivalente al salario de un día. Así que, el regalo de la mujer, invertido en perfume, era equivalente al salario de casi un año.

les demuestran su anhelo debido a la sobreabundante gracia de Dios en ustedes.

[15] ¡Gracias a Dios por Su don inefable!

### Marcos 14:3-9

[3] Estando El en Betania, sentado a la mesa en casa de Simón el leproso, vino una mujer con un frasco de alabastro de perfume muy costoso de nardo puro; y rompió el frasco y lo derramó sobre la cabeza de Jesús.

[4] Pero algunos estaban indignados y se decían unos a otros: "¿Para qué se ha hecho este desperdicio de perfume?

[5] Porque este perfume podía haberse vendido por más de 300 denarios (salario de 300

días), y el dinero dado a los pobres." Y la reprendían.

⁶ Pero Jesús dijo: "Déjenla; ¿por qué la molestan? Buena obra ha hecho para Mí.

⁷ Porque a los pobres siempre los tendrán con ustedes; y cuando quieran les podrán hacer bien; pero a Mí no siempre Me tendrán.

⁸ Ella ha hecho lo que ha podido; se ha anticipado a ungir Mi cuerpo para la sepultura.

⁹ Y en verdad les digo, que dondequiera que el evangelio se predique en el mundo entero, también se hablará de lo que ésta ha hecho, para memoria suya".

## DISCUTE

• ¿Qué aprendes al marcar las referencias al perfume? ¿Cómo se lo describe?

• ¿Cómo respondió Jesús al regalo de la mujer? ¿Por qué?

• ¿Cuál es el resultado eterno de la generosidad de la mujer?

• ¿Qué te dice esto acerca de la actitud de Jesús, Su atención a nuestra ofrenda?

• De acuerdo al versículo 8, ¿En qué magnitud dio esta mujer?

• Esta mujer dio todo mientras pudo. Ella no dejó pasar la oportunidad y ella no retuvo nada. ¿Se puede describir tu ofrendar de ésta misma manera?

• ¿Cuál es la apreciación más importante que obtuviste esta semana respecto a tu propia vida y el maravilloso ministerio de ofrendar? Como esta semana se acerca a su fin, comparte como Dios ha hablado a tu corazón.

## FINALIZANDO

Es nuestra oración que, de todas las verdades que has aprendido a lo largo de este estudio, te aferres al maravilloso honor, el increíble privilegio de ser colaborador con Dios en la obra del reino. Muchas organizaciones en el mundo están dedicadas a alcanzar las necesidades físicas de la humanidad, pero ¿quién se preocupará de sus almas? Si nos preocupamos solo de las necesidades físicas de las personas y nos olvidamos de sus almas, ¿De que nos sirve? El mundo debe conocer de Jesús – el único Hijo de Dios – sin el cual están perdidos.

Nuestras ofrendas deberían proporcionarnos lo suficiente no solo para alcanzar a las almas sin Dios, sino también para ministrar a las necesidades de los santos, sostener el trabajo del ministerio y hacer discípulos en todas las naciones. Todo verdadero ministerio está fundado en la necesidad de que los creyentes conozcan y obedezcan todo consejo de Dios para que puedan caminar de una manera íntima, vital, con una verdadera relación con su Creador.

Cuán importante es que "nuestras acciones respalden los que decimos". Si decimos que amamos a Jesús y al pueblo de Dios, probémoslo ofrendando. Hagamos lo que podamos con lo que tenemos mientras haya tiempo.

Limpie Dios nuestros corazones de la avaricia que nos lleva a desperdiciar nuestro dinero en lo temporal dejando a un lado lo que es eterno. Y démonos cuenta que con el recibir de nuestras ofrendas, acciones de gracia llenan los cielos, traspasando los principados de Satanás y sus huestes, y llegan directo al trono de Dios – al Único a quien le pertenece toda honra, honor, gloria, poder y dominio. Cuando el Espíritu de Dios tiene dominio sobre todos nuestros finazas y posesiones, allí, solo allí, conoceremos el contentamiento.

Oh amado de Dios,
¿de qué maneras estás diciendo,
"Gracias sean a Dios por Su don inefable"?

*Den, y les será dado;*
*medida buena, apretada, remecida y rebosante,*
*vaciarán en sus regazos.*
*Porque con la medida con que midan, se les volverá a medir.*
Lucas 6:38

Esta singular serie de estudios bíblicos del equipo de enseñanza de Ministerios Precepto Internacional, aborda temas con los que luchan las mentes investigadoras; y lo hace en breves lecciones muy fáciles de entender e ideales para reuniones de grupos pequeños. Estos cursos de estudio bíblico, de la serie 40 minutos, pueden realizarse siguiendo cualquier orden. Sin embargo, a continuación te mostramos una posible secuencia a seguir:

### ¿Cómo Sabes que Dios es Tu Padre?

Muchos dicen: "Soy cristiano"; pero, ¿cómo pueden saber si Dios realmente es su Padre—y si el cielo será su futuro hogar? La epístola de 1 Juan fue escrita con este propósito—que tú puedas saber si realmente tienes la vida eterna. Éste es un esclarecedor estudio que te sacará de la oscuridad y abrirá tu entendimiento hacia esta importante verdad bíblica.

### Cómo Tener una Relación Genuina con Dios

A quienes tengan el deseo de conocer a Dios y relacionarse con Él de forma significativa, Ministerios Precepto abre la Biblia para mostrarles el camino a la salvación. Por medio de un profundo análisis de ciertos pasajes bíblicos cruciales, este esclarecedor estudio se enfoca en dónde nos encontramos con respecto a Dios, cómo es que el pecado evita que lo conozcamos y cómo Cristo puso un puente sobre aquel abismo que existe entre los hombres y su SEÑOR.

### Ser un Discípulo: Considerando Su Verdadero Costo

Jesús llamó a Sus seguidores a ser discípulos. Pero el discipulado viene con un costo y un compromiso incluido. Este estudio da una mirada inductiva a cómo la Biblia describe al discípulo, establece las características de un seguidor de Cristo e invita a los estudiantes a aceptar Su desafío, para luego disfrutar de las eternas bendiciones del discipulado.

## ¿Vives lo que Dices?

Este estudio inductivo de Efesios 4 y 5, está diseñado para ayudar a los estudiantes a que vean, por sí mismos, lo que Dios dice respecto al estilo de vida de un verdadero creyente en Cristo. Este estudio los capacitará para vivir de una manera digna de su llamamiento; con la meta final de desarrollar un andar diario con Dios, caracterizado por la madurez, la semejanza a Cristo y la paz.

## Viviendo Una Vida de Verdadera Adoración

La adoración es uno de los temas del cristianismo peor entendidos; y este estudio explora lo que la Biblia dice acerca de la adoración: ¿qué es? ¿Cuándo sucede? ¿Dónde ocurre? ¿Se basa en las emociones? ¿Se limita solamente a los domingos en la iglesia? ¿Impacta la forma en que sirves al SEÑOR? Para éstas, y más preguntas, este estudio nos ofrece respuestas bíblicas novedosas.

## Descubriendo lo que Nos Espera en el Futuro

Con todo lo que está ocurriendo en el mundo, las personas no pueden evitar cuestionarse respecto a lo que nos espera en el futuro. ¿Habrá paz alguna vez en la tierra? ¿Cuánto tiempo vivirá el mundo bajo la amenaza del terrorismo? ¿Hay un horizonte con un solo gobernante mundial? Esta fácil guía de estudio conduce a los lectores a través del importante libro de Daniel; libro en el que se establece el plan de Dios para el futuro.

## Cómo Tomar Decisiones Que No Lamentarás

Cada día nos enfrentamos a innumerables decisiones; y algunas de ellas pueden cambiar el curso de nuestras vidas para siempre. Entonces, ¿a dónde acudes en busca de dirección? ¿Qué debemos hacer cuando nos enfrentamos a una tentación? Este breve estudio te brindará una práctica y valiosa guía, al explorar el papel que tiene la Escritura y el Espíritu Santo en nuestra toma de decisiones.

## Dinero y Posesiones: La Búsqueda del Contentamiento

Nuestra actitud hacia el dinero y las posesiones reflejará la calidad de nuestra relación con Dios. Y, de acuerdo con las Escrituras, nuestra visión del dinero nos muestra dónde está descansando nuestro verdadero amor. En este estudio, los lectores escudriñarán las Escrituras para aprender de dónde proviene el dinero, cómo se supone que debemos manejarlo y cómo vivir una vida abundante, sin importar su actual situación financiera.

## Cómo puede un Hombre Controlar Sus Pensamientos, Deseos y Pasiones

Este estudio capacita a los hombres con la poderosa verdad de que Dios ha provisto todo lo necesario para resistir la tentación; y lo hace, a través de ejemplos de hombres en las Escrituras, algunos de los cuales cayeron en pecado y otros que se mantuvieron firmes. Aprende cómo escoger el camino de pureza, para tener la plena confianza de que, a través del poder del Espíritu Santo y la Palabra de Dios, podrás estar algún día puro e irreprensible delante de Dios.

## Viviendo Victoriosamente en Tiempos de Dificultad

Vivimos en un mundo decadente, poblado por gente sin rumbo, y no podemos escaparnos de la adversidad y el dolor. Sin embargo, y por alguna razón, los difíciles tiempos que se viven actualmente son parte del plan de Dios y sirven para Sus propósitos. Este valioso estudio ayuda a los lectores a descubrir cómo glorificar a Dios en medio del dolor; al tiempo que aprenden cómo encontrar gozo aún cuando la vida parezca injusta, y a conocer la paz que viene al confiar en el Único que puede brindar la fuerza necesaria en medio de nuestra debilidad.

## Edificando un Matrimonio que en Verdad Funcione

Dios diseñó el matrimonio para que fuera una relación satisfactoria y realizadora; creando a hombres y mujeres para que ellos—juntos y como una sola carne—pudieran reflejar Su amor por el mundo. El matrimonio, cuando es vivido como Dios lo planeó, nos completa, nos trae gozo y da a nuestras vidas un fresco significado. En este estudio, los lectores examinarán el diseño de Dios para el matrimonio y aprenderán cómo establecer y mantener el tipo de matrimonio que trae gozo duradero.

## El Perdón: Rompiendo el Poder del Pasado

El perdón puede ser un concepto abrumador, sobre todo para quienes llevan consigo profundas heridas provocadas por difíciles situaciones de su pasado. En este estudio innovador, obtendrás esclarecedores conceptos del perdón de Dios para contigo, aprenderás cómo responder a aquellos que te han tratado injustamente, y descubrirás cómo la decisión de perdonar rompe las cadenas del doloroso pasado y te impulsa hacia un gozoso futuro.

## Elementos Básicos de la Oración Efectiva

Esta perspectiva general de la oración te guiará a una vida de oración con más fervor a medida que aprendes lo que Dios espera de tus oraciones y qué puedes esperar de Él. Un detallado examen del Padre Nuestro, y de algunos importantes principios obtenidos de ejemplos de oraciones a través de la Biblia, te desafiarán a un mayor entendimiento de la voluntad de Dios, Sus caminos y Su amor por ti mientras experimentas lo que significa verdaderamente el acercarse a Dios en oración.

## Cómo se Hace un Líder al Estilo de Dios

¿Qué espera Dios de quienes Él coloca en lugares de autoridad? ¿Qué características marcan al verdadero líder efectivo? ¿Cómo puedes ser el líder que Dios te ha llamado a ser? Encontrarás las respuestas a éstas, y otras preguntas, en este poderoso estudio de cuatro importantes líderes de Israel—Elí, Samuel, Saúl y David— cuyas vidas señalan principios que necesitamos conocer como líderes en nuestros hogares, en nuestras comunidades, en nuestras iglesias y finalmente en nuestro mundo.

## ¿Qué Dice la Biblia Acerca del Sexo?

Nuestra cultura está saturada de sexo, pero muy pocos tienen una idea clara de lo que Dios dice acerca de este tema. En contraste a la creencia popular, Dios no se opone al sexo; únicamente, a su mal uso. Al aprender acerca de las barreras o límites que Él ha diseñado para proteger este regalo, te capacitarás para enfrentar las mentiras del mundo y aprender que Dios quiere lo mejor para ti.

## Principios Clave para el Ayuno Bíblico

La disciplina espiritual del ayuno se remonta a la antigüedad. Sin embargo, el propósito y naturaleza de esta práctica a menudo es malentendida. Este vigorizante estudio explica por qué el ayuno es importante en la vida del creyente promedio, resalta principios bíblicos para el ayuno efectivo, y muestra cómo esta poderosa disciplina lleva a una conexión más profunda con Dios.

## Acerca De Ministerios Precepto Internacional

**Ministerios Precepto Internacional** fue levantado por Dios para el solo propósito de establecer a las personas en la Palabra de Dios para producir reverencia a Él. Sirve como un brazo de la iglesia sin ser parte de una denominación. Dios ha permitido a Precepto alcanzar más allá de las líneas denominacionales sin comprometer las verdades de Su Palabra inerrante. Nosotros creemos que cada palabra de la Biblia fue inspirada y dada al hombre como todo lo que necesita para alcanzar la madurez y estar completamente equipado para toda buena obra de la vida. Este ministerio no busca imponer sus doctrinas en los demás, sino dirigir a las personas al Maestro mismo, Quien guía y lidera mediante Su Espíritu a la verdad a través de un estudio sistemático de Su Palabra. El ministerio produce una variedad de estudios bíblicos e imparte conferencias y Talleres Intensivos de entrenamiento diseñados para establecer a los asistentes en la Palabra a través del Estudio Bíblico Inductivo.

Jack Arthur y su esposa, Kay, fundaron Ministerios Precepto en 1970. Kay y el equipo de escritores del ministerio producen estudios **Precepto sobre Precepto,** Estudios **In & Out,** estudios de la **serie Señor,** estudios de la **Nueva serie de Estudio Inductivo,** estudios **40 Minutos** y **Estudio Inductivo de la Biblia Descubre por ti mismo para niños.** A partir de años de estudio diligente y experiencia enseñando, Kay y el equipo han desarrollado estos cursos inductivos únicos que son utilizados en cerca de 185 países en 70 idiomas.

### Movilizando

Estamos movilizando un grupo de creyentes que "manejan bien la Palabra de Dios" y quieren utilizar sus dones espirituales y talentos para alcanzar 10 millones más de personas con el estudio bíblico inductivo para el año 2015. Si compartes nuestra pasión por establecer a las personas en la Palabra de Dios, te invitamos a leer más. Visita **www.precept.org/Mobilize** para más información detallada.

### Respondiendo Al Llamado

Ahora que has estudiado y considerado en oración las escrituras, ¿hay algo nuevo que debas creer o hacer, o te movió a hacer algún cambio en tu vida? Es una de las muchas cosas maravillosas y sobrenaturales que resultan de estar en Su Palabra – Dios nos habla.

En Ministerios Precepto Internacional, creemos que hemos escuchado a Dios hablar acerca de nuestro rol en la Gran Comisión. Él nos ha dicho en Su Palabra que hagamos discípulos enseñando a las personas cómo estudiar Su Palabra. Planeamos alcanzar 10 millones más de personas con el Estudio Bíblico Inductivo para el año 2015.

Si compartes nuestra pasión por establecer a las personas en la Palabra de Dios, ¡te invitamos a que te unas a nosotros! ¿Considerarías en oración aportar mensualmente al ministerio? Hemos hecho las cuentas y por cada $2 que aportes, podremos alcanzar una persona con este estudio que cambia vidas. Si ofrendas en línea en **www.precept.org/ATC**, ahorramos gastos administrativos para que tus dólares alcancen a más gente. Si aportas mensualmente como una ofrenda mensual, menos dólares van a gastos administrativos y más van al ministerio.
Por favor ora acerca de cómo el Señor te podría guiar a responder el llamado.

## COMPRA CON PROPÓSITO
Cuando compras libros, estudios, audio y video, por favor cómpralos de Ministerios Precepto a través de nuestra tienda en línea (**http://store.precept.org/**) o en la oficina de Precepto en tu país. Sabemos que podrías encontrar algunos de estos materiales a menor precio en tiendas con fines de lucro, pero cuando compras a través de nosotros, las ganancias apoyan el trabajo que hacemos:

• Desarrollar más estudios bíblicos inductivos
• Traducir más estudios en otros idiomas
• Apoyar los esfuerzos en 185 países
• Alcanzar millones diariamente a través de la radio y televisión
• Entrenar pastores y líderes de estudios bíblicos alrededor del mundo
• Desarrollar estudios inductivos para niños para comenzar su viaje con Dios
• Equipar a las personas de todas las edades con las habilidades es estudio bíblico que transforma vidas

Cuando compras en Precepto, ¡ayudas a establecer a las personas en la Palabra de Dios!

www.ingramcontent.com/pod-product-compliance
Lightning Source LLC
Chambersburg PA
CBHW071815020426
42331CB00007B/1492

*9 781621 190219*